生存力养育法

日本儿童教育现场

李雪红 著

中国青年出版社

图书在版编目（CIP）数据

生存力养育法：日本儿童教育现场 / 李雪红著 . — 北京 : 中国青年出版社 , 2021.1

ISBN 978-7-5153-6306-6

Ⅰ . ①生… Ⅱ . ①李… Ⅲ . ①家庭教育 Ⅳ . ① G78

中国版本图书馆 CIP 数据核字 (2021) 第 027675 号

中国青年出版社 出版发行

社址：北京东四 12 条 21 号
邮政编码：100708
网址：http://www.cyp.com.cn
责任编辑：刘霜 Liushuangcyp@163.com
编辑部电话：（010）57350520
发行部电话：（010）57350508

北京科信印刷有限公司印刷
新华书店经销
开本：710×1000　1/16
印张：17
字数：250 千字
2021 年 4 月北京第 1 版
2021 年 4 月北京第 1 次印刷
定价：58.00 元

本图书如有任何印装质量问题，
请与出版部联系调换
联系电话：（010）57350337

我发现的"新大陆"

女儿珍珠出生于 2007 年，是我在日本工作生活的第四年，每天上班下班、出差回家，大阪这个城市看上去和我却没有太大联系，加上新家的位置在小区把角的路口，和邻居们交往也不多，有时候感觉自己像生活在一个孤岛上。

女儿的出生改变了这一切，而两年后儿子泉泉的到来，更增加了生物圈的多样性，我的生活变得多彩起来。

作家老舍在《有了小孩以后》这篇文章中写道："在没有小孩的时候，一个人的世界还是未曾发现美洲的时候的。小孩是哥伦布，把人带到新大陆去。这个新大陆并不很远，就在熟习的街道上和家里。"

对我来说，姐弟俩就是哥伦布，养育他们的这些年也是一个发现"新大陆"并与之建立关联的过程，而我的"新大陆"，就在这个方圆三公里、人口一万多的社区。

因为姐弟俩，我在社区里慢慢认识了很多人，在超市、在公园甚至在温泉都能遇到熟人；在寻找一个个兴趣班老师的同时，我发掘自己的爱好，也成为别人家孩子的老师；在各种公共资源的帮助下，我不用依赖父母或老人的助力，自己带大了两个孩子，并且保持了工作和育儿的相对平衡；而一次次带姐弟俩回国探亲，又让我和远在海那边的故乡重新关联起来。

从个人角度来说，日本的生活让人感觉亲切。社区里一排排小房子林立，穿梭在其中就像回到儿时生活的胡同，除了没有围墙，很多家庭都是两三个孩子，兄弟姐妹们成群结队地在一起玩耍，像风一样长大。街坊间交往淡淡、学校里带过姐姐的老师接茬教弟弟，孩子们天天一起上学放学和彼此的陪伴，都有着亚洲人特有的温情。

近似的汉字文化圈让人感到安心，让我有机会回归自我，也发现了日本儿童教育的独特之处。

日本的教育机构，尤其是小学，作为孩子们成长阶段停留时间段最长的地方，在每个城市都是特殊的存在：除了是教育现场，它还被赋予了很多社会公共职能，操场和体育馆等场所可以免费借给孩子们的兴趣班活动，是社区活动的场所，也是台风地震等自然灾害时的居民避难所，这样的职能赋予了它一个开放的姿态，很容易让居民参与进去，因为对大家来说，那是社区的小学，那里面的孩子不仅是各家的孩子，更是全社区的孩子。

近年来随着日本出生率降低，很多乡村小学因为生源不够而关闭，但校园本身并没有完全荒弃，被改造为社区居民活动场所常年开放，环境靠大家自觉维护。先生老中儿时的小学就是这样的一所，居民们在花坛里继续栽种着花儿，孩子们暑假可以利用游泳池，操场也是孩子们过年回去玩耍的好去处，它还在继续发挥着社区职能。

最重要的是，在养育姐弟俩的过程中，我认识到：教育并不是一件简单的事，不仅限于读书、认字和考试，还是落在生活实处的体验，而这个落到实处的过程，并不总需要花费昂贵的金钱，可以借助公共资源和居民互助，有时候自身的参与就有效果。

陪伴姐弟俩长大的 12 年，用这些文字记录我在"新大陆"的发现。

这些发现，伴随着为人父母的焦虑、挑剔，也有自身的困境和情绪，更有我所看到的、身边不容忽略的普通力量，有的来自教育工作者，有的来自热心的日本老百姓，有的来自保洁大婶，有的甚至来自几岁孩子的赤子之心。"人"这个汉字写起来简单，不过两笔，但是教育是落在孩子这个具体的个体上的，他是个实实在在的"立体"的人，我们不仅需要一个学到很多知识的孩子，更需要一个健康的，有生活能力、社会认知以及优秀品质的孩子，也需要和孩子共存，因此更需要很多看不见的力量支持。

当然，这个过程并不容易，我能够腾出手来记录也是在孩子们陆续上小学以后，这些文字最早发在豆瓣网，有过几次集结出版计划又中止的周折。编辑朱艺头次向我投出橄榄枝未果，她就进入了产假和育儿现场，也许是有了更多切身体会和需求，重回职场后，她又找到了我，这才有了这个经过多次修改和调整的果实。

由于日本始于 4 月的特殊财政年度，每年的春天对于孩子们来说都意味着结束和开始。而今年又格外特殊，新冠病毒疫情突然席卷全球。从早春到盛夏，感觉格外漫长，我的书稿从落成到出版，女儿珍珠也从小学过渡到中学，6 月下旬才终于开始了人生的新阶段。这段经历对我们所有人来说都是特别的。

"他山之石，可以攻玉。"希望读到这些文字的父母们，可以有稍微放松一点的心态，享受和孩子彼此陪伴的这段岁月，更希望我们的孩子在将来既有可以向往的远方，又有可以回归的故乡，既能追随日新月异的新世界，也能享受普通自然的人生，因为，这些都很美好。

史努比

2020 年 7 月

育儿有效期

俄罗斯作家赫尔岑在《往事与随想》中写道:"成年人似乎应该懂得,童年和少年时代的头两三年,正是我们一生中最完满、最优美的部分,它在不知不觉中规定了我们的未来。"

与赫尔岑生活的19世纪相比,和平年代的孩子们衣食无忧,发育得早,加上科技变化日新月异,作为成年人都需要一直保持学习才能"与时俱进",孩子们的成长进程也变得快节奏起来,他们"最完满、最优美的部分"也许比100多年前要短一些。

有趣的是,我的老家山西有个习俗是很重视孩子的12岁生日,比"满月""百天""周岁"的规格还隆重,要在酒楼请客、大宴宾朋,有的地方还有打开长命锁的"解锁"仪式,用以庆祝孩子平安度过一轮岁月,从幼儿期进入少年期,想想也有几分道理。

孩子这个个体,成长会持续一生,父母和家庭给予的教育和影响能到什么时候呢?学习是可以不断掌握和精进的技能,生活能力和个人品质中最宝贵的共情、宽容和善良却需要从小培养,从这个角度来说,更需要学校和家庭投入精力,如果周遭能有一个好的社区或社会的大环境,效果可以持续更久。赫尔岑提到的"最完满、最优美的部分"就是孩子从出生到小学毕业前的这个教育过程,就是育儿"有效期",俄罗斯如此,中国、日本也不例外。

从时间点上客观地看，小学高年级开始，孩子们开始从家庭这个小环境往外走，他们可以到达的物理距离越来越远，人际交往圈子也越来越广，开始重视友情、重视集体。而升入初中以后，和中国的孩子一样，学业开始增多，学校学习、课外活动、补习班会占据大多数的时间，回家越来越晚，家庭影响开始减少。孩子们的性格和个性千差万别，年龄这个节点不是绝对的，就拿我家来说，在12岁的珍珠和10岁的泉泉身上，我都能感到他们的育儿"有效期"已经到了。

珍珠又瘦又高，和我互用衣物，会做家务，热衷于和好朋友出门，自己坐电车去看电影购物，姐弟俩去课外班上课都是自己来回，除了下雨天几乎不用接送，暑假可以自己坐飞机回奶奶家，在各个方面慢慢独立，很多事情都可以放手了。

珍珠从小就胆大有主见，从幼儿园开始学钢琴，碰上有展示或大舞台表演，老师总是放心地让珍珠打头阵，她一点也不害怕，小学这几年更是愿意不断挑战自己，喜欢的事情主动争取，失败了也能接受，所以家长能做的就是无条件支持她的选择。

泉泉生性谨慎，从小有姐姐的大翅膀呵护，多少有点娇气又敏感，还爱哭鼻子，升入四年级后，多了作为高年级大哥哥的自我认知，看低年级或者幼儿园的小朋友都觉得可爱。前一阵日本发生了一起交通事故，幼儿园小朋友出门散步，在路口等候红绿灯时被飞来的汽车撞到了，泉泉看到新闻里死伤的报道，跑过来跟我说："小朋友太可怜了，还没等到上小学……"他哽咽着说不下去了，坐在我腿上搂着我哭了一会儿。

我从来不嫌弃泉泉哭，他有情绪的出口能释放出来就好，相比他拿着100分的考试卷子来报喜，我更喜欢听他的各种喜和忧，所以他每天都会告诉我发生了什么开心的事和不开心的事，连打扫卫生时偷看漫画被老师剋也不隐瞒。他遇到不开心了，小时候经常寻求大人的帮助，后来慢慢地只是发牢骚，现在慢慢地已经能够自己解决了。

有天放学回来泉泉情绪很激动，说听到了每天一起上学的小朋友对家人的抱怨以及自责，那个小男孩父母工作都很忙，经常能看到他放学后自己坐电车去上课外班，他说爸爸妈妈都不爱他，也许是在课外班受到什么打击，又垂头丧气地说自己是垃圾。

泉泉认真地对小男孩说："你怎么能这样说呢？你绝对不可能是垃圾，你的家人虽然可能有时候做得不好，但他们绝对是把你当作宝贝的，他们一定是爱你的！"泉泉回家后还特意写了张卡片给小男孩，不知道是泉泉的话还是卡片上超多的感叹号起了作用，后来几天我都看到小男孩笑嘻嘻地来叫泉泉上学，周末他们也在一起玩儿。

新学年孩子们照例去春游，这回四年级去的地方有点远，回来写日记，泉泉说坐了将近两个小时的巴士很累，但是自己路上还睡觉了，巴士的司机师傅一直在开车更辛苦呢。他把老师批改后的日记拿给我看，那段话被老师标了红线，旁边画了一个大大的红花，我知道他下车的时候一定特意跟巴士司机道了谢，就像每次出门接快递他常对快递员说："总是辛苦您，谢谢啦！"

这种感觉怎么说呢？养育孩子的过程就像小时候数学测验里常有的那道应用题："一个水池有进水口有出水口，速度各不一样，同时打开的情况下，需要多长时间才能把水池装满？"孩子们出生长大，这前10年或者12年，需要的大多是不停地进水，但是孩子的出水口总是哗哗流淌，或许他就像小动物一样不自知，不会特意去感受水位，水池里的大部分水也在成长过程中被消耗掉了，那么这个水池会有装满的一天吗？当然有。当孩子不知不觉中把积累在自己身上的爱向外输出时，就说明这个水池装满了，爱的浇灌足够了，他的内心很充盈，有了余地就能够用自己的力量去鼓励别人和感谢别人，这也许就是育儿的"有效期"。

从孩子们出生到现在，我们一直生活在日本大阪北部的普通社区，养育姐弟俩的"灌水"过程，也是一个体验日本儿童教育机构落在实处的教育方针和内容、周围社区居民热心参与教育的过程。每个点滴在孩子们的成长都留下或多或少的印迹，虽然孩子们以后的路很长，除了努力和运气，还有很多不能左右的东西，至少他们的心里有这个学校、社区和家庭合力灌满的水池，不会干涸，就有面对未来的底气。

有天碰到绘画班的桑原老师，说泉泉长了不少，变成大孩子的模样了，老师笑着说："男孩子就要慢慢离开妈妈了。"老师还说她家儿子上四年级后就不怎么和她拉手了，有次一起去超市，她还习惯性地拉过儿子的手，儿子悄悄地小心地从她手掌里一根一根地抽出手指头，那几秒钟她现在还记得。

我家还好，泉泉早上出门前，照例亲我一下，然后往上推了推小黄帽，扬起小脸蛋等着，我凑上去亲了一口，他捋了下书包带，得意地对照镜子的姐姐说："我盖章了哦！"珍珠连人带书包扑了过来："我！我！"打卡结束后，两人出门和家门口等着的小朋友们去上学，一转眼就跑没影了。

此书得以面世之际，女儿珍珠应该已经穿着初中的校服，开始一段新的人生征程了，不管我们之间的亲密会持续到何时，或者会转换成哪种方式，为人父母一场，和孩子的缘，是没有"有效期"的。

目 🪴 录

Part 1

学校：生存力是教育的终极目标

Part 2 社区：全民参与教育

家庭：用爱和生活守护的教育大本营

Part

1

学校
生存力是教育的终极目标

生
存
力
养
育
法

　　"生存力"，这三个字由日本教育最高机构——文部科学省提出，也是日本小学到高中教育大纲的终极目标。如何培养生存力？就是通过各种细致的教育让孩子们在学习知识的同时了解生存的大小环境，并接触家庭生活的衣食住行和社会运作的方方面面，这样才能保证担负未来希望的孩子们身心健康地成长，并具备作为社会人的生存能力。那么，从保育园到小学，身处教育第一线的学校和老师又是如何具体细致地实现这个目标的呢？

01

帮了大忙的保育园

🪴

　　近些年，随着人口构成比例的变化，很多国家都进入老龄化社会，年轻人以及劳动力逐渐减少，危机感最强的自然是老龄化排名第一的日本。2018 年日本的人口是 1.26 亿人，其中 1/3 以上的人口年龄超过 60 岁，65 岁以上的人口比例更是高达 27%，而每年的新生儿人数已经连续 3 年跌破 100 万人，"少子化"这个词经常可以听到，如何制定解决"少子化"的政策对日本政府来说更是迫在眉睫的课题。

　　为了提高国民的生育热情，日本政府采取了很多实际的福利措施，孕妇的产检费用、生产费用、幼儿的疫苗接种费用和医疗费用等方面都基本实现了免费，然而仍然效果不明显。究其原因，20 世纪末日本泡沫经济瓦解后，经济多年不振，从前普通工薪阶层父亲一个人赚钱养一家人的模式不再持续，更多的家庭需要父母都去工作，那么孩子生出来后，谁来照顾？这才是最大的难题。

　　中国家庭照顾幼儿的模式一般有两种，长辈来帮忙，或者请保姆，在日本这两种方式都不可行，甚至照顾新生儿的"月嫂"职业都很少见。日本的家庭构成从 20 世纪 50 年代逐渐"核心化"，家庭成员结构简单，成年子女很少与父母同住，少数三代同堂的家庭即使同住，饮食起居也是分开的。"自己的孩子自己养"，老人们很少参与照顾和教育孙辈的工作。国土资源少导致住房面积小，国民比较注重隐私，加上居高不下的人工费，从居住和经济层面上说，请住家保姆也是不可想象的事情。因此，育儿的重任仍然更多地落在妈妈们身上，孩子出生前后亲妈或者婆婆会来帮忙两周左右，之后就全得靠自己了。

工作的妈妈们如何照顾幼儿又不失去工作的机会？除了长达 14 周的产假外，很多公司都有一年到一年半的育儿休假，其间由政府机构发放约等于 2/3 工资的补贴，休假结束后，妈妈们回去上班，把孩子送到保育园，也就是我们小时候去的"托儿所"。

从前传统日本家庭都认定"孩子 3 岁以前必须由母亲在家照顾"这个宗旨，认为很小就去保育园的孩子很可怜，很多女性生了孩子就辞职在家做全职主妇，对保育园的需求不多，客观上导致保育园整体数量少。而现在日本年轻人的想法有了很大改变，加上经济不景气和育儿费用日渐高涨，在东京、大阪等大城市生活的年轻双职工家庭越来越多，保育园的需求量大增，但是相应的数量并没有增加，婴幼儿进不了保育园被称为"待机儿童"，一度是很严重的社会问题。

这几年，日本新建了很多接收 0~2 岁孩子的保育园，极大地缓解了照顾孩子和保持就业的矛盾。就拿大阪地区来说，2017 年新生儿 66602 人，保育园有将近 300 所，加上一些企业内部的小型保育设施，已经基本可以满足需求。婴幼儿很容易发烧生病，很多医院诊所还能提供照顾生病孩子的服务，有专业的人员支持，更是解决了父母的后顾之忧。

在中国，双职工家庭很普遍，从小长大的环境教育女性是"半边天"，要工作、要保持经济独立，我来日本后一直在工作，生了女儿和儿子之后，经过一年多的育儿休假，都回到单位继续工作。孩子们怎么照顾呢？全靠日本的保育园。照顾婴幼儿本身是件非常需要体力的事，有体力有经验的专业保育员更有优势。要照顾一两岁刚会走的幼儿，需要躬身俯首的跟随，如果再加上晚睡，太辛苦。父母年纪大了，本身就有腰疼腿疼的毛病，需要更多的休息，他们也有自己的生活，让父母在语言不通的异国他乡帮忙带孩子总觉得于心不忍。我身边有很多中国女性朋友，能在自己养育两三个孩子的同时保持着工作和职业发展，都得益于日本专业又安全的保育园。

我家姐弟俩都是1岁半开始去的保育园，有的妈妈休完产假就上班，几个月大的小婴儿也可以送去。保育园公立的居多，接收0~6岁的婴幼儿，也有一些小规模的只接收0~2岁的孩子，3岁后再选择去保育园还是幼儿园，幼儿园数量多，可选择的余地也更大。

保育园最基本的原则就是保证孩子的安全，让家长特别放心。接收低年龄孩子的人数有限制，是因为按照法律规定需要配备的老师比较多，比如0~2岁，孩子们没有自主行动能力，3个小朋友就必须配备一个老师，这是考虑到遇到地震、台风等自然灾害时，一个老师两手各抱一个、后面再背一个，最多只能带3个孩子。3岁左右的孩子在老师的带领下可以摇摇摆摆地跑了，相应地老师也可以少一些。如果路过开放式的保育园，经常能看到老师抱着或者用背带背着几个月大的婴儿在园内活动，刚会走路的孩子像小鸭子一样跟着老师在园外散步，非常可爱。

安全还包括饮食，每个月的食谱都由营养师监制，小婴儿的饮食也是园内厨房自己做的离乳食品。这样就拯救了很多不擅长做饭的妈妈，每天忙完工作回家，做饭时注意不与保育园食谱重复就好。有时候家长会送点应季的蔬菜水果到保育园，老师会顺便引导孩子们观察西瓜的花纹和形状，围坐在一起扒开玉米皮，拽下一缕一缕的玉米须，有时候还让小朋友们动手，在饺子皮上撒上自己喜欢的食材，拿到食堂烤成小比萨，"谁知盘中餐，粒粒皆辛苦"，这样的"食物教育"在从小开始的集体生活里更有效果。

更值得一提的是保育园的费用，不是固定的统一价格，而是由市政府按照家庭收入及上年度的纳税额划分成几档，收入高的家庭费用就高，反之，收入少的家庭费用就很少，单亲家庭和低保户甚至可以申请免费，在日本读书的留学生如果上学期间生孩子，不仅可以送到保育园照顾以保证专心学业，而且因为没有收入也不用花钱，是个非常经济的选择。

为了鼓励国民生孩子，避免30年后日本跌破1亿人口的危机，日本政府仍在不断地研究新政策，效果如何呢？我们拭目以待。

02

五花八门的幼儿园

❀

提起日本的幼儿园，我们多半会想到动画片《蜡笔小新》，想到漂亮的制服、可爱的卡通图案校车、活力充沛又有礼貌的小朋友们，那大概是世界上最快乐的地方了。

中国老话说"三岁看老"，日本的儿童教育界也有类似的说法，"大多数的儿童在6岁左右人格形成了90%，到9岁就基本完全形成了"，孩子6岁前的环境和教育极为重要，而3岁以后每天白天都在幼儿园度过的孩子，幼儿园的选择也就更加重要了。倒不见得要成为多么优秀的孩子，至少长大不论做什么工作、有什么样的家庭，能成为一个体味幸福、创造幸福的人是非常重要的人生课题。

日本的幼儿园大体分为保育园和幼儿园（日语叫幼稚园）两种，对应的政府管理部门也不同，保育园归厚生劳动省的儿童福利设施部门管理，类似于国内的托儿所，多半是公立，接收刚出生几个月到6岁上小学前的孩子，可以长时间照顾孩子，主要满足双职工家庭；幼儿园则归文部科学省的儿童教育部门管理，私立的为主，只接收3~6岁的孩子，多来自全职主妇家庭。

幼儿园的时间设定很宽松，每天9点半到下午2点，周三只上半天，11 点半就放学了，加上每年有三个假期，春假、暑假、寒假都比较长，很不适合工作的妈妈。邻居的日本妈妈是个护士，不甘心放弃自己的职业，孩子上幼儿园后，她在附近的医院打零工，下午 1 点就急急忙忙地跑回来接孩子，有时候自己都顾不上吃饭，而周三把孩子送到幼儿园只能待两个小时，索性周三就不去上班。

我家姐弟俩上的幼儿园是私立，但是有一个小小的叫"儿童园"的延长班，是经过市政府教育部门认定的类似保育园的设施，接收双职工家庭的孩子，寒暑假也可以去，只是人数有限制，每个学年只收 10 个孩子，还得提交在职证明等资料，需要另外交费。

幼儿园的孩子自主生活能力有了很大提高，需要的老师人数少了，费用也不高，加上还可以申请部分政府补贴，每个月 2 万多日元（约合人民币 1000 多元）对家庭来说负担不重。2019 年 10 月起，消费税从 8% 涨到 10%，这多出来 2% 的财源将被用于刀刃上，3 岁以后的幼儿园和保育园基本实现了免费。

私立幼儿园种类五花八门，除了普通幼儿园外，还有各种特色"门派"，有佛教的，有天主教的，多半历史悠久。姐弟俩上的是佛教净土宗幼儿园，园内一切设施和其他幼儿园一样，举办活动的礼堂舞台平时看也无不同，但是开学典礼和毕业典礼时拉开大幕就是一个佛堂，园长变身为身着僧衣的居士，口中念念有词地向佛堂献花献灯，无比虔诚。每年佛祖诞辰和涅槃日也会举行仪式，孩子们能念简短的经文，日语的般若心经，我都听不懂。天主教或基督教的幼儿园据说还要定期做弥撒，不管什么形式，让孩子们在幼儿园快乐安心地度过每一天是家长们的共同目的。

随着全球化不断发展，日本人口减少，很多外国人来日本工作，日本人即使不出国门也要面对如何与外国人交流的问题，因此出现了很多双语幼儿园或国际幼儿园。天主教的幼儿园请外教似乎顺理成章，我们这个佛教幼儿园也"混搭"了国际班，中班和大班都有，国际班里不但实行外教全天候陪同，每天还有专门英语授课时间。

这个"混搭"的效果很不错，幼儿园大门口有一座净土宗开山鼻祖"亲鸾圣人"的铜像，每天早晨开园后，铜像前总是站着一个外教迎接孩子们，外教多半来自欧美，男女都有，或者人高马大蓝眼睛卷发，或者大肚子谢顶，不管多冷的天儿都穿着短袖，和孩子们击掌，蹲下来向孩子们问一句："How are you today？"刚进幼儿园的小班朋友哭哭啼啼不愿意进去，外教就从妈妈手里接过孩子，举个高高做个鬼脸，特别治愈。孩子们和外教互动后转身，要去"亲鸾圣人"的佛像前双手合十鞠躬问候，再和旁边站着的园长大人鞠躬问好，是另一种日式的仪式感。

幼儿园女老师多，而这些外教大多是男老师，极大实现了幼儿园的性别平衡，他们开朗的天性在幼儿园的大型活动中又特别出彩。幼儿园文化节时外教老师表演魔术，大班夏天去宿营时他们负责篝火表演并身着斗篷表演节目活跃气氛，夏天幼儿园玩水的时候外教们变身大鳄鱼藏在水中，身上骑着五六个孩子，鳄鱼翻身孩子落水的时候总是笑声一片。

这个私立幼儿园是个有 40 多年历史的家族企业，现任园长是第二代，是个 30 多岁的帅小伙儿，总是带着微笑在门口迎送孩子，碰上带着小婴儿来送孩子的妈妈，也不会忘记和小婴儿打招呼，幼儿园一共 300 个孩子，他几乎能叫出所有孩子的名字，"泉君，早上好"听起来是不是比单纯一句"早上好"更亲切呢？

　　日本人的性格总体来说比较内向，加上英语这个语言障碍，对"洋人"多少有些距离感，幼儿园开设国际班的目的在于让孩子们从小就接触外国人，不上国际班的孩子每天这么击掌问候下来也能学几句简单的英语，心情如何、天气如何、早上吃了什么，有潜移默化的效果。国际班的孩子们每天和外教泡在一起，中班时表演节目还是日语英语混合的，大班就全是英语了，发音也很标准。

　　幼儿园有一个很特别的活动环节，叫"任意发表会"，每天都留给孩子们几分钟自由时间，鼓励孩子以各种方式表达，可以分享自己喜欢的东西，可以讲述自己的经历，有的孩子只是蹦蹦跳跳走到大家前面，挠挠脑袋说"我忘了要说什么了"就回来，也没有人责怪。老园长说他有次出去办事碰到了几十年前从幼儿园毕业的中年人，他还提到了当年的"任意发表会"，说幼儿园的那三年是他最难忘的时光。

　　在日常内容的设置上，幼儿园虽然有国际特色，但并不推崇大张旗鼓的万圣节或圣诞活动，时令节气等活动还是以传统方式为主。新年邀请社区居民和孩子们打年糕，"二月二"撒豆驱魔时，外教老师们戴着面具装扮成手拿狼牙棒的妖怪，"三月三"女孩节幼儿园里摆出人偶，"五月五"男孩节操场上又飘扬着巨大的鲤鱼旗。这样的兼容并存正是日本文化的特征，保留自己特色的同时不排斥外来文化，就像日本的文字一样，由汉字、假名和外来语三部分构成，汉字源于中国，假名是后来加入的，而外来语则很多直接来源于英语、法语或者葡萄牙语的发音，幼儿园的另一个目标在于培养具有国际视野并珍视本国文化的未来主人翁。

　　而佛教的影响呢？自有其独特的角度。儿子泉泉幼儿园毕业前，大班的孩子们和老师一起去了京都的西本愿寺，那是佛教净土宗的大寺，孩子们去"还愿"。那一天，同一集团下好几个幼儿园的大班都去了，有好几百个孩子，他们穿着深蓝色的制服、白袜子，背着小背包，一排排整齐地站在大殿里听住持说话，引得很多游人围观。

那天住持出了一道题让孩子们猜："这座大殿一共有多少根柱子？"孩子们环顾四周，把眼前看得见的大柱子数了数，说几十根吧，得知一共有280根之多，孩子们都很吃惊，住持于是给孩子们讲看不见的力量，这么大的一个建筑，不是每一根柱子都能被看到，孩子们的养育也像盖房子一样，从出生到现在能顺利长大，除了家长和老师，还有很多看不见的力量在支撑着，正像"人"这个简单的汉字，需要互相支撑，甚至像立体的"人"字，需要很多不同方向的互相支撑，这才是寺庙住持想要告诉孩子们的。当然，才6岁的孩子们未必马上能理解这里面的真意，也许长大以后在某个时刻，也许在自己为人父母后再体验幼儿园这个过程时，突然想起来这个话头而"顿悟"也未可知。

幼儿园毕业典礼上，园长致辞说，3年的幼儿园，老师们的目标就是在孩子们的心里播种下幸福的种子，希望他们长大后成为幸福的人，并且"幼儿园是你们永远的家，随时欢迎你们回来"。姐弟俩离开幼儿园好几年了，放学路上还会绕到幼儿园，趴在办公室的窗户外向园长挥手，外教老师迎出来也会击掌问候，礼节一直都在，英语也一直在学，幼儿园"佛教加西洋"教育的魅力和效果还在延续中。

03

6 岁小朋友的宿营

🪴

"可愛い子は旅させよ。"这是一句古老的日本谚语，意思是：可爱的孩子才需要经风雨见世面。

很多来日本旅游的人，都会在路上看到背着大书包自己去上学的日本小学生，为他们的独立能力惊叹，有些私立小学的孩子甚至一年级就开始自己坐地铁往返了。反观中国，因为诸多的原因，小学期间接送孩子是必须的，没有大人陪伴的集体外出过夜得小学高年级才能实现，让孩子独自出门简直就是冒险，而这样的"初别离"在日本的幼儿园就可以实现了。

日本的幼儿园一般都会在大班时带孩子们出去宿营，夏天一次，冬天一次，孩子们和老师在外面过夜，体会父母不在身边的感觉。公立保育园也有类似活动，多在夏天，在保育园内活动后在教室或者操场搭帐篷住一晚，也是很新鲜的体验。

夏季宿营一般选在有森林和小河的地方，孩子们可以玩水、点篝火、探险，冬季宿营则选在滑雪场附近，可以打雪仗、坐雪橇，孩子们格外期待。

儿子泉泉要去冬季宿营的前几天，去幼儿园接他能看到大班的小朋友们都笑意盈盈，藏不住秘密的小朋友跑过来跟我说："泉泉妈妈，我们再睡两觉就要去玩雪喽。"我做惊奇状地回答："好棒啊！你们一定要好好玩儿哦。"我心里也跟他们一样期待，毕竟对孩子们来说，还有什么比玩儿更重要更开心的事情呢？

日本的幼儿园每年有很多活动，各个节气自不用说，不同季节的活动也不少，春天赏花，夏天去天文馆，秋天去采摘，冬天打年糕。大班的孩子作为幼儿园的"老大"们，还有特殊的待遇，秋天他们甚至还去了高尔夫球场！不过，最重要的盛事当属冬季的宿营，虽然只是在外面住一个晚上，这对于 6 岁的孩子来说也是不小的挑战呢。

首先需要准备东西。夏天去宿营住在山里有水的地方，孩子们穿着运动服，带着泳衣和换洗衣服，东西不多。冬天本身穿得就多，还要穿上滑雪服，带上换洗衣服和睡衣，虽然不是正式去滑雪只是在雪场玩儿，还要带上帽子手套和护膝等护具，可真是不轻松。滑雪服又占地儿，平常背的双肩包放不下，泉泉背着我的大书包，大得占了整个后背，看着还真是让人有点心疼。

那些东西孩子能分得清吗？日本的幼儿园在这方面很有经验，各种东西都用带拉链的小包分开包装，并且编上号码，比如说 1 号袋是滑雪用具，2 号袋是睡衣，3 号袋是第二天玩雪时要换的衣服，4 号袋是晚上洗澡用的毛巾和内衣，5 号袋是洗漱用具，并且都在袋子上写着孩子们的名字。我和泉泉一起准备的时候跟他一一说明，既简单明了，也锻炼了孩子的整理能力。平常孩子们在幼儿园每天要换衣服，去的时候穿制服，玩儿的时候换运动服，换下来的衣服都叠好放入手提包里，这些日常的训练在大活动时就能体现出效果。

其次，锻炼孩子的自身管理能力。冬天天气冷空气又干燥，容易感冒，孩子们有时候也怕冷不爱运动，往年泉泉经常感冒，大班那年从入冬就开始期待冬季宿营，我也不停地在他耳边唠叨："要锻炼身体，不能感冒啊！感冒了可就不能去宿营了。"他们在幼儿园活动量不小，进入冬天后每天穿着短衣短裤围着幼儿园跑步进行"迷你马拉松"，回到家和周末都在外面玩儿，跳绳或者踢球，就连有次"世纪寒潮"大阪周末出现罕见的零下温度，他也一样拉着我在公园踢球，我都快冻哭了。那年冬天他一直没有感冒，饭量倒是大增了，吃着饭还偷偷溜下饭桌去体重计上看看自己又长了几克。

每次活动当然都离不开家长和幼儿园的尽心呵护和支持，大班的宿营活动那天幼儿园放假，小班和中班的孩子们休息，老师们全体出动，就连平时教孩子们英语的外教们也都跟着。夏天宿营，他们晚上点起篝火，蒙着眼睛打西瓜，别提多开心了。活动期间隔几个小时幼儿园会给家长群发电子邮件，告诉到哪儿了都玩儿了什么，还贴上照片让家长安心，营地还有来巡诊的医生随时应对突发情况。

而妈妈们呢？出发的当天给孩子们做好便当，并且附上贴着家庭合影的小卡片，孩子们在营地吃午饭的时候顺便拿出来看看爸爸妈妈写的鼓励话，再看看家人的照片，稍微有点小寂寞也能克服。其他可以做的就是放手让他去，孩子们出发时给个大笑脸，夏天去宿营时女儿珍珠也一起去送弟弟，她高高地举起手，竖起大拇指，跟弟弟说："Good Luck！"而在迎接孩子回来的时候，全家挨个紧紧地拥抱了他。有什么能比亲情在心里的支撑和家人对孩子的肯定更有力量的呢？

别看孩子小，逢大事长一截，泉泉夏天第一次去宿营时，瘦瘦的孩子背着幼儿园的书包和手提包看上去让人有点心疼，而初次离开家人多少有点不安，他上了巴士后隔着窗户不停地向我挥手，表情也有些紧张，第二天回来后紧紧抱住我说："妈妈，晚上睡觉的时候我特别想你，不过外教 Charles 老师睡在我旁边，我扭过头偷偷地哭了一下，就好了。"而冬季宿营，他一直都只是期待，出发前的晚上早早就睡了，早晨 6 点半自己爬起来，迅速吃完饭就催我赶紧去幼儿园，出门前我抱了一下他，自己竟然没出息地眼眶一热，泉泉反过来安慰我："妈妈，我会加油的！没事哦。"出发的早上天气不好，一直在下雨，来送行的妈妈们站在路两边打着伞架起了一个通道，五颜六色的，孩子们背着大包走过通道上车，泉泉因为晕车，被老师安排到最前面坐，这一次他上巴士落座后一直在车窗里满面笑容地跟我挥手。

第二天下午他们顺利回来，说头一天下雨，大家在宿营地做游戏，猜谜语，打年糕，晚上 9 点睡觉，他们做了小小的晴天郎娃娃放在枕头边，结果第二天真的晴了！他们打了雪仗，搭了雪屋，还滑了无数次的雪橇，我问泉泉晚上睡得好不好，想顺便确认下他是不是想妈妈了，结果他发现了什么惊天秘密一样地笑着告诉我："妈妈，晚上我们还是和外教 Charles 老师一起睡的，老师打呼噜呢，哇哦，像头狮子！"当然是没有空儿想念妈妈了。

对于别离，妈妈们总是有无尽的担心，但只要放手，能很快适应别离的反而是孩子，这也是幼儿园宿营"小别离"的意义所在。

04

幼儿园的最后一天

🪴

3月底，泉泉最后一天去幼儿园。

吃完早饭，他自己换上幼儿园的运动服，收拾东西，往水壶里灌了大麦茶，告诉我："妈妈，水壶要竖着放在背包边上，不然会倒的。"从洗碗机里拿出干净水杯放到水杯袋里，检查了就餐袋里的午餐垫、筷子和牙刷，又从衣柜里拿出小手绢叠好放进裤兜里，一切就绪。

这些身边物品的整理和归类，是他们在幼儿园生活的日常，培养良好的习惯，保持整洁干净，从小做起，孩子可以受益一生。

"妈妈，明天起就不用去幼儿园了，太好啦！大岛老师好凶啊，我总害怕被她说。"泉泉抬起头。

"是吗？可是，妈妈每次去接你，大岛老师都在夸你啊。"

"我怕被她说，所以就很努力。不过，大岛老师说了，自己的事情自己做，我们马上就是小学生了，如果什么都找妈妈，就变回小宝宝了，我可不愿意当小宝宝。"泉泉说。

幼儿园的3年，孩子们完成了从小宝宝到小学生的转变，老师们时而严厉、时而温柔地坚持着幼儿教育的原则，既让他们尽情地发挥天性，又总是不吝夸奖，鼓励他们面对新挑战。

　　大岛老师是幼儿园延长班的老师，大班其他孩子在毕业典礼后就不来幼儿园了，幼儿园也进入春假，泉泉那两周整天待在延长班，感觉格外漫长。那几天，大岛老师教他们做手编围巾，就是把毛线绕在手指上编织，他老是弄不好，特别沮丧，有天睡觉前甚至说第二天不想去了，我说："你不会可以去问老师，妈妈看到有好几个女孩子拿着编到一半的围巾跑到老师那儿去问，你也可以跟老师说：'不要着急，让我慢慢来。'"他想了一会儿说："明天我还是去延长班吧，那个编围巾也许我能学会，而且幼儿园还有其他可以玩儿的，没事。"

　　"那你自己试试，如果需要，妈妈接你的时候找老师。"我也给他吃了颗定心丸。

　　第二天下午，我去接他，看到屋里孩子们围坐在一起编围巾，泉泉看到我后马上跑出来，凑到我耳边说："妈妈，我学会了！回家教你。"回家后，他找出毛线，在手指上绕过来绕过去，居然织出了棒针效果的一小截，他说："今天我仔细看了看老师织的方法，就学会了，我是男生里织得最长的呢，大岛老师夸我了！"

　　孩子的成长很不容易，织围巾也许只是一件小事，可是泉泉要克服自己的畏惧，找到某个平衡点，然后再用心达到目标，这样努力获得的小小成就一定会带给他更多感慨，更多自信，即使是这样看似无关的小活动。

　　我们一起出门，泉泉背着背包，拿着手提包，等我锁好门，他把手提包拿在左手，腾出右手拉着我。"自己的东西自己拿"，这也是幼儿园里老师一直要求的，刚去幼儿园时才 3 岁，手提包里要装运动服、罩衫、室内换的鞋等很多东西，有时候累了恨不得拖在地上，都是身高刚过 1 米的孩子拎着。就是凭着这样的坚持，节假期家人一起出门时，他们总是背着自己的小背包，能管理好自己的物品，不用大人操心。

我们俩走着下坡，姐弟俩前后脚连着去了 5 年的幼儿园就在眼前。 当年挑选幼儿园我们最重视的就是离家近，直线距离不过 200 米，天气不好或者忘拿东西时更是庆幸这个选择，有时候已经把泉泉接回家，老师打电话说水壶落在教室里，我全速冲下去跑进幼儿园的大门都用不了一分钟，把刚挂掉电话在愣神儿的老师吓一跳。 而最后一次走路去幼儿园，心里却希望幼儿园离得更远点，或者走得再慢一点。

去幼儿园的路上，家门口把角的柠檬树比往年又粗了一些，路边的水仙败了，风信子开得正好，白色的铃兰在风里微微摇摆。 泉泉跳进排水渠里走了一段，侧身绕过一棵柏树，又跳了上来。 每天路上经过看过的植物在成长，不怕冷的孩子也长大了，这 3 年里他们接触最多的就是大自然，去幼儿园给老师带去的礼物也多是大自然的馈赠，有时候是一朵刚开的蒲公英，有时候是院子里剪下来的一枝玫瑰，有时候是藏在手掌里的一只小小的磕头虫，老师都宝贝一样地接过去，放在教室里或者一起放归大自然。

3 月末的天气有点冷，他穿着幼儿园的运动短裤，光着细细的腿，能量却很足，回家能一口气儿跑上坡，把我甩在后面；早晨我们一起追赶着互相踩影子，我也踩不到他的，总得等他在幼儿园门口跟老师鞠躬问好时才能偷偷踩一下，然后在外教诧异的目光中装作什么事也没有，转身回家。

不过，泉泉还是泉泉，只是个 6 岁的孩子，早晨睡眼惺忪地下楼，还是会站在第四阶楼梯上等我去接他，扑过来，像只小猴子一样缠在我身上。还是没有时间概念，每天早上都跟我讨价还价："妈妈，今天能早点接我吗？不要 5 点接我，不要在下午游戏之后接我，吃完午饭就来接我行不行？吃完点心来接我行不行？"一切还得用当天的活动来界定时间。

最后一天，照例 6 点接了他，跟大岛老师道别，拉着小手回家，泉泉给我讲幼儿园发生的事，那天基本都是开心的事，吃了惊喜午餐，老师给每个人发了气球礼物。他比较敏感，平常总是从不开心的事情说起，后来，我们就约定，每天都要努力寻找一件开心的事情，如此坚持了 3 年，听到的开心事越来越多了。

要上小学了，以后出门坐车就得买半票了，泉泉还有另外一个担心：出去吃饭是不是不能点带玩具的儿童套餐了？我又给他吃了一颗定心丸："不用担心，妈妈 20 多岁时还整天吃麦当劳的儿童套餐呢，就是为了玩具。"

幼儿园和小学隔着一条小路，小朋友们常趴在幼儿园的围栏上向往着小学的大操场，大操场上有更高更长的滑梯，有更大的游泳池，还有奔跑追逐的大孩子，他们中有一个骑着独轮车的女孩子，骑到围栏附近时，会大声叫着"泉泉！"并使劲地挥手，那是姐姐珍珠。

<u>幼小衔接阶段，让孩子保持期待的心情就足够了，幼儿园没有提前教语文数学，更多地把精力放在了调整生活习惯上</u>，小学的午饭时间短，只有 25 分钟，老师每次都提前设好定时器，让孩子们保持饭菜平衡的同时，加快速度，以免上小学后手忙脚乱。

姐姐珍珠给泉泉准备好了上小学用的文具，回到家，姐弟俩一起把铅笔削得尖尖的，整齐地放进铅笔盒里。珍珠开心地说："终于不用一个人上下学了！泉泉，我们三年级在二楼，你们一年级肯定在一

楼，你要有事就上楼来找姐姐，姐姐保护你！"珍珠还嘱咐弟弟："上小学以后，你要注意说话方式，不能像动画片《海贼王》里的路飞那样匪气，也不要像《妖怪手表》里面的猫妖怪那样小宝宝，要有礼貌。"

"小学托管班的老师也很厉害，不过不用怕，好好做作业，做完游戏把玩具收好就没问题了，跟大岛老师一样，你现在不怕大岛老师了吧？"

泉泉突然红了眼睛："不怕了，今天我们离开幼儿园的时候，大岛老师哭了，我发现我还是挺喜欢她的。"接他的时候我跟大岛老师道了谢，老师紧紧拥抱了泉泉，看着他的眼睛说："上小学也要加油哦！老师相信你。"

珍珠习惯性地搂起泉泉的肩膀拍了拍，像泉泉刚上幼儿园小班时一样，那年珍珠上大班，姐弟俩开始一起上下学，她在幼儿园的延长班也是这样照顾弟弟的。那年，珍珠5岁，泉泉3岁，先生老中在门口砌了一个水泥小花台，让他们俩在上面摁了两个小手印，留下了"5"和"3"两个数字，时间过得真快。

05

小学课堂的生活教育

🪴

"小呀嘛小二郎，背着那书包上学堂……"说起小学，我的耳边总是响起这首童谣，小二郎在学堂里能学到什么呢？认字看书、加减乘除？除了这些学问，孩子也在家庭生活中一天天长大，从某种角度来说，家庭其实比学校更重要。

"原生家庭"这个词我们都不陌生，尤其是孩提时代的家庭环境和生活，心理学者发现，成年后各种不如意不顺遂的孩子大多数都能从原生家庭找到渊源，但是我也发现一个事实：从小到大，不论是家长还是学校，都没有认真教过我们在家庭这个具体的物理环境中生活的常识。

我们的孩子呢？上学读书和家庭生活是隔绝开的，在家里被长辈照顾得无微不至，上学后被无穷尽的学习和考试包围，很多人直到上大学都没怎么做过家务，以为家里住着个田螺姑娘。以前还有过"一屋不扫，何以扫天下"的说法，现在各种家政服务又便宜又好，花钱也能不定期请个田螺大婶，自己动手的人越来越少了。

"公主和王子从此过上了幸福的生活……"生活是什么样的？童话故事里从来不提。幸福的生活又是什么样的？吃穿用住、整理清洁，过好这样的琐碎日常才是每个幸福的家庭时刻都在经历的。作为家庭成员的孩子们越早了解这个真相越好，喜欢做家务的人又都知道，其实只要掌握一些技巧和方法，家务一点也不难。

天气渐暖，周六赶上个大晴天，赶紧洗衣服换床单，洗衣机还在转，我得出门弄头发，嘱咐老中待会儿晾衣服，他一口答应了，等我两个小时后回来发现：衣服晾晒好了，拆换下来的床单被罩洗了，卫生间的地垫也都晾在阳光下，而楼上楼下的地板干干净净，明显吸过了。

我很庆幸，家庭成员们在家务这方面动手能力都很强，而且都很合作，一点不抗拒。孩子们叠衣服的本领是幼儿园时期就学会的，他们每天穿制服去幼儿园，换成运动服再换回来，老师教着把衣服叠好放进柜子里；在家里，儿子泉泉常哼着歌儿用吸尘器打扫房间，女儿珍珠用湿报纸擦镜子，刷厕所也不含糊，姐弟俩从小最喜欢干的家务是一起刷浴缸，撸起袖子挽起裤脚，有时候恨不得穿着背心裤衩，在满是泡沫的浴缸里奋力擦拭，再挥舞着喷头冲干净，别提多开心了。

尤其值得一提的是五年级以后的女儿珍珠，书架和衣物柜里总是摆放得整整齐齐，厨房里也能看到她干活的身影，还时不时撺掇我把缝纫机搬出来一起做点针线活儿。我还以为是自己身体力行影响了闺女而沾沾自喜，直到有一天聊起她在学校最喜欢的科目，看到她的《家庭》课本，才意识到原来日本的小学里还有如此实用而效果显著的教育。

公立小学五六年级的小学生，开始上一门"家庭课"，不是偶尔活动或者做着玩儿，是每周两次的实打实的家庭生活课，五年级的阶段目标是了解家庭生活中的各个方面并进行初步体验，到了六年级就会讲到一些生活小技能，具体到如何做基本的食物以及收拾周边，如何有计划地购物、生活用品如何再利用等等，作为家长的我翻看着都觉得有收获。

学校里有专用的料理教室和缝纫教室，料理教室我去过一次，案板、洗碗池、天然气炉子一应俱全，缝纫教室没去过，据珍珠说有一屋子的电动缝纫机，跟我在家里用的那台差不多。家庭课有专职老师教孩子们如何用各种厨具，如何纫针、打结、手缝以及用缝纫机，都会让他们实际上手操作。

珍珠在五年级学了各种切菜方法、煮了鸡蛋、做了酱汤，手缝了杯垫，还用缝纫机给自己做了条围裙，六年级学了简单的炒菜、洗衣服，自己做了餐垫和便当袋，非常实用。此外，如何收拾整理课桌、如何打扫房间，这些技术细节也是家庭课上学来的，寒假时珍珠的好朋友来家里住，两个小朋友一起下厨做炒面，演练家庭课学来的切菜法，我在一旁偷笑：原来"田螺姑娘"不是从天上掉下来的，是学校教出来的。

家庭课的课本内容非常具体，生活的各个方面都有涉及。

吃：日本从北到南，口味上可能会有地域性差异，但饮食结构基本是一样的，加上分餐制，家庭做饭基本上都是三菜一汤加米饭主食的标配，很简单。五年级的孩子开始帮厨，首先要注意安全，最基本实用的切菜刀工都有什么手法，如何摆放才安全，站姿如何才方便操作，都有图片说明，非常简单易懂。

住：日本的房子很实用，一般来说不管是公寓还是独户都是精装好的，整体浴室和整体厨房的配备率很高，基本上都是木地板，吸尘器使用比较普遍，壁橱也多，收纳整理有共通性。这些年源于日本的

"断舍离"整理收纳法在全世界都很流行，我也曾想当然地认为日本的房子面积太小放不下东西，才会需要那么多整理要诀，翻着《家庭课》的课本，我意识到，"断舍离"理论的发明人山下英子一定是从小在学校接受了这些实际操作教育，才会在这基础上总结出更具体实用的方法，使收拾家也成为一门学问。

用：最让人惊奇的是，虽然是面向没有任何收入的小学生，课本里已经有了关于理性购物的环节。买一样新东西前，要考虑到底需不需要，如果确实想要，是攒钱买还是等到降价再买，不买的话，能不能修理现在的继续用、借用或者接受二手。从小接受这训练后，是不是将来可以避免成为被商业左右的"买买买"一族？

至于垃圾分类和环保意识，在学校吃午饭时，孩子们已经学会将牛奶瓶盖与玻璃瓶体分类扔掉，日常生活中，把旧衣服卖掉、送给别人或者再利用的环保理念从小就开始灌输了。

这个家庭课上了初中也有，而且除了家庭课，还有一门"技术课"，跟我学英语的两个中学生说，她们最喜欢上技术课了，因为可以用到锯子或电钻等工具，每次上课同学们都很兴奋，有种从家里延伸到院子和户外的感觉。

但不得不说，这些教育内容都很实用，初中阶段的孩子有"职业体验课"，在社区内的超市、幼儿园、面包店进行各种实际体验，高中以后很多孩子就开始利用课余时间打工了，这都为他们将来了解社会打下了基础。

相比读书改变人生，日本公立小学的教育方针就是"最基本的生活教育"。不见得每个人都能出人头地，大多数的孩子长大后都会过着普通人的生活，而家庭生活这件事，擅长不擅长的先不说，了解了它的琐碎，但又能知道"有章可循，有技可施"才不会产生嫌麻烦或畏惧心理，自己动手掌握技巧后又能享受到其中的乐趣，才是一门应该从娃娃抓起的"童子功"，不管我家姐弟俩长大后过着怎样的生活，作为父母的我们已经能在小学阶段享受到某些成果了。

06

小学课堂的道德教育

🪴

日本的小学每年有 3 个学期，对应也有 3 个假期。3 月底的春假对于工薪族家长来说有些特别，寒暑假虽然长，但总有一两周可以和家长的连休重合，安排些亲子活动。春假期间家长没法休假，又赶上比较忙碌的年度末，基本上没时间陪孩子，这样就需要给孩子安排好活动，或者让孩子自己在家。

珍珠五年级时，为期两周的春假这样度过：前一周，报名参加了附近一家大学开设的托管班，每天我上班带他们过去，在那儿待一整天，和我一起下班回家；后一周，由他们自主安排，去同学家或者出去玩儿，午饭可以自己去超市买，或者我早上做好留着他们中午加热吃。这样一来，短暂的新集体生活和自由独立生活正好各占一半，收获不小。

大学托管班的内容很丰富，可以跟老师在体育馆活动，还能参加英语、编程、手工等体验课，姐弟俩都很喜欢，就是班里的孩子们年龄大小不一，有一年级的"小豆包"，也有六年级的"小大人"，相当于一个多样化的新集体，如何在短时间内顺利进入这个集体、和不同的小朋友打交道，但同时保持自我认知或者说保护自己，对姐弟俩是个考验，也是每个孩子成长阶段在学校或者其他课外团体中都要面对的课题。

　　五年级的女儿珍珠做得很好，平时她和弟弟总在一起玩儿，关系很好，所以对于年龄小的小朋友都很照顾，也能玩儿到一起。但也有难题，碰到一个四年级的"熊孩子"，这个女孩说话粗鲁，对其他小朋友做的手工评头论足，多是批判性的意见，弄得很多孩子都情绪低落。珍珠是如何应对的呢？她对那个女孩直接说："我很喜欢自己做的东西，不需要你的评判，请不要这样跟我说话。"对于她的打击不放在心里，体育馆里那女孩非要珍珠陪她玩儿时，珍珠也委婉地拒绝了。

　　回家后珍珠和我聊天，说起了在托管班的感受，珍珠一直喜欢手工，她有自信也很享受制作的过程，不会在意别人的评价，而难得的托管班体验，每个活动她都很喜欢，不会因为不好相处的小朋友影响自己的心情。她说："妈妈，我觉得那个女孩属于攻击型的人，我知道怎么相处。"她提到了在学校每周一次的"道德课"中学到的单元"十人十色的青蛙"，并且给我看了关于小朋友不同沟通方式那一页，孩子们虽然小，个性已有不同，人际交往中，每个人都有不同的应对方式，她已经能认识到这些区别了。

　　《道德》课本里用拟人化的小蝌蚪和青蛙来解说人的多种多样性，每人都有自己的个性和特色，喜欢和擅长的东西不一样，有时候需要配合，有时候只是保持自己就好。那个女孩的做法珍珠不喜欢，也没想着要改变或迎合，进入一个新集体，和所有人都成为朋友是不现实的，接受不了就选择保持距离，也许在某一个契合点再走近。

　　托管班的最后一天，孩子们开联欢会，珍珠主动请缨做主持人，意外发现那个女孩唱歌很棒，大家一起热烈鼓掌。"即使是和你不一样的朋友，也有他们的长处。"这也是她在道德课里学到的。

之后的一周，珍珠去好朋友家过夜，拎着特意买来的蛋糕，回家后给好朋友的妈妈打电话道谢，非常符合在日本生活的头号指导原则：礼字当先。姐弟俩自己在家的时候，两人看电视、收拾房间、去图书馆、去超市买便当，安排得井井有条，五年级的女儿已经具备了独立生活和人际交往的基本能力，作为母亲很欣慰。

"知己知彼"这件事，对于孩子来说很难，尤其是对于自己的认知，如果在儿童时期家庭和学校能有效引导，在自我意识的基础加上人际交往的注意点，就很有效果。孩子们大多数时间都在学校，"教书育人"同等重要，日本的公立小学，"教书"不一定做得多有深度，"育人"的内容却很扎实。

"道德"作为德育教育的一部分始于 1958 年，范围涉及孩子们的教养、人际交往、周遭环境以及如何为将来进入社会做准备，教育大纲根据不同社会环境改动过好几次，最近一次修订是 2009 年，彼时互联网和智能手机还不像现在这么发达，文部科学省已经意识到了社会发展带来的问题，并对教材做了大幅调整，这些问题与中国城市化进程中出现的高度重合：

1. 社会整体的道德水平下降。

2. 家庭和区域社会教育机能下降。

3. 社会体验和自然体验不足。

4. 如何应对社会变化带来的种种课题。

从教育最高管理部门文部科学省的网页上可以看到，小学的德育教育最大的目标就是"生存能力"这四个字，非常直白。教育内容基本是四大块：与孩子自身相关的；如何与他人相处；尊重自然和生命；如何与集体和社会相处。具体阶段性目标根据孩子身心的不同发育调整，这些内容估计在世界上任何一个国家的教育中都会涉及，日本的更具体和实用。

刚入学的孩子主要培养日常生活习惯以及基本的礼节问候，到二年级就开始探讨小朋友如何"有话好好说"的具体方法了：孩子们脱口而出的话，哪些是像云彩一样柔软的让人舒服的话？"谢谢""加油""真棒""没关系""别在意"；哪些是像仙人掌刺那样让人受伤的话？"恶心""讨厌""笨蛋""闭嘴""别管"等等。大人对照着都会忍不住反省一下。

三年级时儿子则学会了如何明确表达自己情绪的秘诀，比如说话方式、表情、视线、与对方的距离和手势。

五年级时珍珠学到的"如何让彼此感觉舒服的沟通方法"在春假里托管班的人际交往中发挥了作用，孩子们的沟通类型有"攻击型""不敢表达型""为对方着想的自我主张型"，我想春假中的珍珠为自己选择了第三种方式，而遇到的那个"熊孩子"，不知道以后会有多大改变。

"十年树木，百年树人。"孩子们像小树一样长得飞快，家庭教育和学校教育双管齐下，10岁以后才能在一部分孩子身上看到些效果，有些孩子则需要花费更多的时间，德育真是一条相当漫长的道路。可是如果没有这样的教育内容落在实处，我们的孩子如何才能在日益变化的社会中身心健康地长大呢？

07

小学课堂的社会教育

🌱

有天晚饭间，四年级的泉泉说白天市里的垃圾车来学校了，上"社会课"。

垃圾车停在校门口的小广场，开垃圾车的叔叔给孩子们演示了收集垃圾后的处理过程，一般的生活垃圾会压缩一下，那辆垃圾车看上去就是辆不起眼的中型卡车，掀开盖子，后面是强劲的螺旋滚轴，回收的废弃自行车和家具等粗大垃圾都能搅碎。

泉泉拿回来的班级通讯上印了当天上课时的图片，孩子们围着垃圾车看得入神、听得也很认真。"开垃圾车的叔叔说，如果我们学校每人都能减少饭团大小的垃圾，合起来就能减少一辆垃圾车那么多的量呢！"泉泉认真地告诉我，听着他模仿垃圾破碎时"嘎吱嘎吱"的声音，看到他仔细辨认饮料瓶后面的回收标志，我就知道这堂现场社会课有效果，下个学期他们还会去垃圾处理发电设施参观。

垃圾分类和减少垃圾，我们喊了很多年效果都不明显，要真正做到实施，更是一个漫长的过程。日本在这方面做得好，离不开从小开始的教育，翻开小学的《社会》课本，里面俨然印着本市的垃圾分类和回收指南，大大的彩页，内容和我家贴在冰箱上的一样，学期末还要考试，想学不会都难。

　　当然，垃圾分类只是孩子们需要了解的常识之一，小学三年级开始的社会课覆盖了他们将来要在社会上生活的方方面面：参观附近的超市是如何运作的，走路确认学区地图，去附近的工厂参观，等等。

　　孩子们想知道生活的现实社会是什么样子？那就来学校让孩子们看看。"上门服务"的不只有垃圾车，警察叔叔、邮局阿姨、消防员叔叔也会来学校上现场课。三年级的社会课上，警察叔叔和孩子们配合出演了一个短剧，教孩子们碰到坏人时如何保护自己，练空手道的男孩子表示要用自己的"超级旋风腿"和坏人对打，警察演示了个子不高的孩子踢出的高度只到成年人腰部，如果被抓住后难免会有被放倒的后果，告诉孩子们这很危险，要保护自己就是赶快跑，离开危险的地方，如果被捂住嘴，要掰坏人的小手指，因为即使是大人，小手指也用不上劲，还提到了如果自己回家要留意身后有没有坏人，如果觉得危险或者有突发事件，可以去求助邻居，去门上贴着"儿童110"标志的家，这是可以帮助孩子的家庭标志。

　　说到这个"儿童110"标志牌，这个标志在很多居民区甚至店铺门口都能看到，孩子如果遇到危险或突发事件，只要看到张贴"儿童110"标志的地方，都可以去求助，被求助的家庭或店铺有义务马上拨打报警电话，从而做到一起保护孩子。姐弟俩上小学后我们家就申请了这个标志牌，是因为有孩子的人能体会"保护别人的孩子就是间接保护自己的孩子"，而不知道什么时候，自己的孩子也会受到陌生人的保护。

　　日本的小学原则上是不能接送的，我们学区内住得最远的孩子要步行将近30分钟，也是和其他孩子一起结伴走。作为家长的大人，每学期会轮班一次在学校附近的路口举着小旗子照顾孩子们过马路，更多的路段都只有孩子们自己走路的身影，大人有责任告诉孩子们可能存在的危险，并教给他们自我保护的具体方法，既可以减少家长的负担，也能提高孩子们的安全意识。

每次姐弟俩说起社会课的见闻，我都听得津津有味，孩子们去啤酒工厂参观过罐装生产线，在报纸印刷厂看过如何四色套印，超市的操作间和仓库他们也去过，还能带回来一些纪念品，超市的水果蔬菜、四色套印的文件夹、回收纸做的记事本，多长见识！协助孩子们上课的这些单位也同样做出了社会贡献，单拿三年级去的超市来说，一共5个班200多个孩子，一周内每天都有一个班去超市，要接待孩子们并讲解，每个孩子都带回一种蔬菜或水果，虽然单价不高，学校也会支付一些费用，但是超市的人工和花费也不少。警察叔叔应该是每个学校都得去，会不会觉得麻烦？其他到学校里给孩子们上现场课的机构，都是在践行着这个实际运作中的社会对下一代的教育和关爱。

除了学校组织的活动外，很多大工厂和机构都有接收小学生"社会见学"的服务。每年11月3日是日本的"文化日"，我家附近的科研机构会向区域的居民们开放，孩子们领个气球的同时还可以在显微镜下观察细胞，也许就是将来从事科研工作的一个小契机。而工厂呢？食品制造工厂可以体验方便面制作，航空公司的飞机维修车间和大型垃圾焚烧发电厂也会定期接受孩子们的参观，别说是小学生，大人们一起都觉得特别有收获，这样的参观也是最热门的"亲子游"项目之一，需要提前好久才能预约上。

而我们长大的时代，"社会"是个虚幻的词，没有机会接触，在某个阶段还是特别不好的名词，大学毕业之前都在学校这个"象牙塔"里，象牙塔是纯洁的象征，孩子们在家长的呵护下"两耳不闻窗外事，一心只读圣贤书"，上大学时打工的都不多。既不了解社会的结构，也不了解社会有哪些基本的运作常识，毕业后从学校走上社会这个过程充满艰难，实在是因为想象与现实差异太大了。而日本的孩子们从小就可以接触到社会，它并不是那么完美，也有很多危险，却很真实，社会需要各种各样的职业，没有高低贵贱之分。可能因为从小就接触到这些具体的职业，孩子们的未来理想也很实际，做宇宙飞行员或者医生有可能，体力劳动者也不是被嘲笑的目标，做自己喜欢的事情都值得尊重。

　　也许，未来合格的社会人，就是从这样的小学社会课中一步一步学出来的。

08

运动会的幸福感

🪴

一年一度的运动会，总是让人痛苦又快乐。

日本人重视体育，也几乎做到了全民参与体育，从孩子到老人，从奥运会到乡村运动会，甚至从日本国内到海外。珍珠一岁半去保育园，我们就开始了每年参加运动会的漫漫征途。保育园里不会走路的小婴儿，也会由老师背着或者抱着出场。泉泉第一次参加运动会时不到两岁，前半场一直在哭，老师没吼他，只是一直拉着他的手，即使要照顾别的小朋友，也没松开，后半场我拍到了泉泉从跳箱上蹦下来的照片，没哭，特别帅。

十月中旬的日本，刚刚进入秋天，有个公休日是"体育日"，小学的运动会在这个公休日前后举行，暑假后第二学期开学，孩子们就开始准备运动会的练习，基本天天都有，碰上下雨天气就在体育馆里做练习。

虽然是运动会，真正的竞赛项目并不多，除了 50 米跑、百米跑、百米接力以外，更多的是游戏类内容，低年级的孩子跳绳、捡沙包；高年级的拔河、推球跑；孩子们最喜欢跳集体舞或集体操，六年级毕业生的集大成项目是团体操，既考验团队集体配合，也会做一些造型，很有艺术表演的感觉。

小学运动会没有个人比赛项目，每个班的孩子按身高被分成红白两组，这样全校的孩子变成红白两大组，比赛就是红白之间的对抗，有点类似于日本电视台 NHK 每年春晚的红白歌赛。运动会有评委，每个项目都按红白两组分别计分，最终决出胜负。虽然没有个人荣誉，孩子们很看重大组的集体荣誉，姐弟俩如果同在白组或同在红组还好说，不论输赢都可以共进退，如果被分在不同组里，极有可能引起姐弟俩的家庭内战。

好在运动会的主旨与奥运会一样，"重在参与，重在过程"。不论结果如何，都是小学生活里的一件盛事，况且运动会还有更多特别的意义。

运动会是家庭相聚的最好理由，平常不照顾孙辈的爷爷奶奶们此时都来助兴，来现场见证孙辈的成长和变化。每年运动会当天，我家邻居门前都会多停一辆车，和小学生哥儿俩一起去学校的是他们住在市里的爷爷奶奶。我家婆婆住得远，不能每年都来，不过泉泉幼儿园大班那年，奶奶专门坐飞机来参加了运动会。珍珠和泉泉差两岁，保育园、幼儿园和小学的运动会日程各不相同，有好几年我们都得参加两次运动会。终于等到泉泉上小学，才可以踏踏实实地同时参加两个人的运动会。

运动会一般都安排在周末，方便工作忙碌、出差频繁的家长调整日程，有年老中为了能赶上姐弟俩的运动会，坐了一夜的飞机从出差的某赤道岛国飞回来，上午 10 点多到家，拿了相机就往学校操场跑，终于赶上了珍珠的 100 米比赛。

运动会是社区方圆几里地内的大事。1000 多个孩子，身后是成倍的关爱他们的家长，可别小看那个尘土飞扬的沙土大操场，它妥妥的是我们社区的社交主场，对爱美的妈妈们来说尤其如此，不甚爱美的我都赶在运动会前一周去美发店把头发收拾了一下，烫了点波浪，把若隐若现的白发染了染，花了 3 个钟头，钱包也瘦了一大截。

10 月初的天儿最骗人，明明早上还是凉爽的阴天，中午却热得像夏天，温度也一路飙升到了 30 多摄氏度。姐弟俩的出场不连续，场地也变来变去，做体操时，珍珠在最右边，我得提前跑过去占个好位子给她加油；跳舞时，泉泉又排到了最左边，我跑下台阶，站在一群家长后面给他录像；到 50 米和 100 米跑的时候，还得留意起点终点的位置，在终点等着他们冲刺。他们不上场的时候，我在校园里四处溜达，看到坐在防潮垫或户外椅上的庞大亲友团，还有好多蹒跚学步的小婴儿，学校的大体育馆全天开放，有的家庭带了便当，在体育馆地上铺开塑料布围坐，野餐一样。

最艰难的事情，莫过于在 1000 多个孩子里寻找自己的孩子。运动会当天，孩子们都统一着装，穿着白上衣，蓝裤子，红组戴着红帽子，白组戴着白帽子，帽檐都压得低低的，加上距离远、近视眼、太阳大等外在因素，如果没有望远镜，这件事情的难度可想而知。妈妈们各有奇招，给孩子穿上颜色特别显眼的球鞋或者袜子，红的黄的就不说了，珍珠班上有个女同学穿了双过膝星条旗袜子，果然特别醒目。可惜爱美的珍珠小朋友不接受这个办法，当天跳集体舞要戴紫色的手套，便讲究地要穿紫色短袜相配，还不愿意穿刚买的黑球鞋，怕操场扬起的土把新鞋弄脏，导致我对着一群不认识的孩子拍了好几分钟录像才找到在后面的她。

最快乐的是，家长在费劲寻找孩子时，发现孩子也在寻找自己。

跳着舞的珍珠眼睛四处探看，看到我时她咧嘴一笑，手放在低处不易察觉地向我挥了一下，然后跳得更有劲了。姐弟俩从小到大的各种表演，都能看到这个寻找的过程，找到后掩饰不住的笑意和悄悄挥动的小手，总是让厚着脸皮挤在头一排的我特别安慰。

泉泉的 50 米终点在弯道，他没看到守在外头的我，跑回班里了，我在孩子们去厕所的路上站了一会儿，等到了泉泉。他看到我很开心，又有点沮丧地说："妈妈，我刚才差点摔倒，没跑到小组第一。"我搂着他，拍了拍后背："没事，待会儿扔球的时候加油。"他点点头跑开了，右手高高扬起，手腕上戴着我们头一天编的彩色皮绳，他说那是他的能量带。

珍珠跑 100 米的时候，因为不知道上场顺序，又是一通找，忽然，我看到一个瘦瘦的小女孩站在那儿，热得微微眯起眼睛，扭头和后面的小朋友说话，那个侧影，那个神态，不就是儿时的我吗？时光把那个出生后总爱皱着眉毛的小婴儿慢慢地变成了亭亭玉立的小姑娘，而这个小姑娘越来越像自己，生命的神奇出现在某个时刻，只是那个时刻，你需要在场。珍珠这次不只看到了我，还看到了刚赶来的老中，结果她在小组赛中真的跑了第一名。后来，珍珠兴奋地告诉我："妈妈，我头一个撞线，碰掉终点那条白色带子的感觉真好啊。"

运动会全校的师生都要参与，包括那些身体有小缺陷的孩子。有一年运动会，我看到集体操表演时在全力奔跑出场的孩子们后面，紧跟着一个推着轮椅的老师，轮椅上坐着一个受伤后处于恢复期的孩子，其他孩子开始跳操后，那个轮椅上的孩子也站起来，跟着一起做完了动作，真是"一个都不能少"。

老师们就更忙碌了，要组织孩子们，要补画操场上被踩掉的白线，还要参加老师组和家长组的对抗赛，拔河或者推球跑，那是小学运动会的另一个高潮。六年级孩子们跑 100 米时个个像风一样，红白帽子不时掉在跑道上，广播台旁有个老师一次又一次飞奔过去，把孩子们掉的帽子捡起来，捡了一顶又一顶；三年级进行拔河比赛时，他又跑去蹲在孩子们旁边，为他们加油助威，那老师和孩子们一样，晒得黝黑，跑得飞快，是小学年轻的校长。

运动会的幸福感源自哪里呢？不仅在于胜负的结果，不仅在于运动时多巴胺分泌的感受，还在于家人一起经历的这个过程。回到家，我们把拍的录像和照片在大电视上一一放出来，一家人一起回味这一天的每一幕，一起看珍珠奋力奔跑时手掌用力的小细节，看泉泉为白组最终胜利兴奋地双脚腾空，看在运动中成长的孩子们，幸福的回味久久不散。

09

风中奔跑的孩子

一直以来，我接触过的大部分日本人都很热衷于跑步，尤其是长跑。作为我们的邻国，都是黄种人，基因差异很小，日本马拉松实力却排在世界第三，仅次于肯尼亚和埃塞俄比亚。

我在北京工作的时候，有个日本商社的客户经常从国贸来我们在阜成门的办公室谈业务，那个中年人说一口京片子，业余爱好就是跑步，有套备用装备放在车上，有时候来谈完事就让司机先回去，他自己换上跑鞋从阜成门跑回去。有几年北京马拉松线路经过阜成门桥，他都去参加，那天我们部门就拉个小旗子在路边为他加油。

来日本后，更是随处都能看到人们跑步的身影，专业选手和赛事比比皆是。每年元旦那天，关东地区的各个大学还会派出长跑好手参加从东京到箱根的长跑接力赛，类似于古代驿站间的接力，各有 10 棒，每人跑半程马拉松，这个比赛已经持续了近百年，其他城市也有类似的赛事。住得久了，见过午休去跑步的同事，听说附近邻居每年都去跑大阪马拉松，认识的老师退休后专门去夏威夷参加火奴鲁鲁马拉松，感觉跑步这件事在生活中也很普遍，更不用说有名的"职业小说家"村上春树，他虽然年近古稀，却有着 30 多年每天 10 公里以上的长跑历史呢。

有时候也会好奇，日本民众的跑步情结到底是从什么时候开始的呢？

每年过完新年再开学，幼儿园和小学的孩子们就开始跑"马拉松"，这个叫法并不指专业的马拉松比赛，孩子们稍长一点距离的跑步都俗称"马拉松"，这个时节，如果经过幼儿园，能听到规律的吹哨声和老师们喊着"Fight"给孩子们加油的声音。跟我学英语的幼儿园大班小朋友雄太来上课，一进门先兴奋地向我报告："今天我们跑马拉松了！我跑了第五名！""哇！雄太好棒！"我忍不住和他击掌庆祝。

"跑马拉松累不累？"我问，小朋友摇摇头，一点都不累呀。

我从电脑里找出了家里姐弟俩幼儿园时的照片，重温了孩子们跑步的情景，也仿佛找到了答案，说不定日本人热爱跑步的情结就源于幼儿园时代的马拉松？

大阪一二月份最冷，虽然温度很少降到零下，也是实打实的冬天。爱跑爱动的孩子们如何耐寒保暖？日本的幼儿园自有办法：不是多穿衣服，冬天孩子们也不会穿太多衣服，一件纯棉的卫衣和运动短裤就能过冬，穿毛衣的都很少；不是困于室内给足暖气，而是尽量让孩子们在户外活动。不过幼儿园的孩子们毕竟年龄小，身体发育和协调性都处于初级阶段，选择什么运动方式也很重要，日本幼儿体育的原则有三条：一是要有趣好玩儿，二是容易理解操作，三是安全。相比于春秋的户外运动和夏天的游泳戏水，冬天最适合孩子们的运动就是跑步了。

每天跑步之前，园长和老师先带着孩子们在操场做热身操，然后绕着操场慢慢跑，跑两圈后从幼儿园出来，沿着外围的马路跑，不到1公里的距离，这个运动量对于3~6岁的孩子来说足够了。平常练习时老师会压着速度带着孩子们跑，基本上也保持队形，跑步活动会持续到2月底，但是会有一天在幼儿园举行"马拉松"小比赛，那天很多家长都请假来幼儿园观战或在路旁助阵加油，老师"随便超"，让孩子们自由发力，也会记录具体名次，因此比赛那天孩子们跑得格外起劲，在沿途的鼓励声和家长的镜头前，冲刺的那一刻都是笑容满面的。

我的照片记录中，姐弟俩在寒风中穿着短衣短裤，头上系着鼓舞士气的绑带，做完热身操后，老师的哨声一响，个个像一阵风跑过来，操场上扬起微微的沙土，我的镜头好不容易抓到儿子泉泉，他一眨眼就跑到前面了，孩子们跑外圈时，家长们赶紧往终点附近聚集，等候冲刺的孩子们，这时候他们跑得有些热了，小脸红扑扑的，看上去格外可爱。泉泉一直特别瘦，跑得也不快，中班那年格外努力，跑了班里的第四名，结束后特别开心，一直伸出4个指头跟我比画，大概没什么比家人一起见证这个成就更让他开心了。

除了幼儿园的集体活动，冬天的周末，公园里总是能看到很多奔跑玩耍的孩子，一个个热气腾腾的，这和日本一直以来的育儿习惯有关。日语里说孩子是"风的孩子"，尤其指的是冬天，孩子的天性就像风一样，爱动，喜欢户外。有很多在日本育儿的中国妈妈说孩子们从小到大多次体检，从来没有医生提出让孩子补钙，大概都知道，空气好阳光充足的日本，绿地和公园众多，孩子们天天在户外的阳光下奔跑，根本就不会缺钙。

经历了幼儿园"马拉松"的锻炼，从幼儿园、小学到中学，从1

公里、几公里到半马，也许就这样在心里埋下了爱跑步的种子。小学的元旦后照例开始"马拉松"，学校操场一圈200米，六年级的孩子要跑10圈，珍珠说："跑到四五圈的时候最难受，但是坚持过来就轻松了。"

冬天下班回家，还能看到附近的中学生在路边跑，中学生除了上体育课，还有田径兴趣班，田径班的孩子不只在学校操场绕圈跑，还有其他各种体能训练。我家在一片高地上，周围很多坡路，上坡下坡的跑步应该就是训练的一种了，常看到跑回校门口就一屁股坐在地上的中学生，也有跑完也没什么反应的孩子，年轻真让人羡慕啊。

我自己关于跑步的记忆不多，高中住校，每天早晨在灰蒙蒙的北方城市里跑操，体力不行，大部分时间都跑着跑着就开始散步，不是最后一个回到学校，就是试图抄近道溜回学校被执勤的老师训斥，比学习还让人痛苦。而先生老中就不同，他在日本的乡下长大，虽然跑步的感觉是一样的，他说最好玩儿的记忆是每天在校外的乡间小路跑步，看到路旁柿子树上诱人的果实，调皮的男生会停下脚步，在柿子冲着田地的里面咬上一口，再接着跑。日本的柿子大都是甜柿子，带着那段回忆也变得有点甜。

可能是从小就跑，我家的姐弟俩对跑步这件事从不抗拒，周末他们在家写作业看电视觉得无聊了，就拉开门跑出去，去公园玩儿，或者只是绕着小区跑几圈。英国作家亚德哈罗南德·芬恩写过一本书《跑步锻炼灵魂》，里面有一段话很有道理：

跑步如此简洁、纯粹而残酷，使人暴露出原始的自我。

你挣扎着迈步，双腿沉重而疲乏，然后，冲破阻碍的时刻到了，你的身体变得轻盈强壮，灵魂与万物合一。 正是在这里，在追求跑得更快的路上，你才开始令自己惊讶。

珍珠说学校"马拉松"大会时班主任老师说过："跑步就是和自己做斗争的过程。"从另一个角度诠释了跑步的意义。 日本的教育很多时候都在强调集体合作精神，跑步这项运动却是一个人就可以完成的，没有竞赛目的的跑步更是一个可以享受自我的过程，小学生的女儿已经有了自己的领悟方式。

类似于跑步这样与自己做斗争又能享受自我的经历，从幼儿园到成人，也许会持续我们的一生。 奔跑吧，孩子！

10

从身边的自然学起

🪴

近年来日本在自然科学上屡有新成就，也获了不少诺贝尔奖，很多人认为日本的教育一定下了大功夫从小培养"创造力"，其实并非如此，日本教育只是尽可能提供可能会引发创造力的基础和材料，从小做起，从身边做起，而丰富的大自然就是人类智慧的无尽源泉。

日本的新干线和地铁电车系统非常发达，尤其以精密的检票系统享誉世界，这个系统在研发阶段曾经经历了很多困难，最后的契机是研发人员在户外观察到的一个场景：一片落叶掉到小河的水面上，往下游漂的过程碰到河道边的石头后会随机转动方向，研发人员在检票盒中也设置了几个类似石头这样的调整位置才终于成功。

类似的例子还有，巴慕达（BALMUDA）是个以创新设计见长、高性能和高品质为追求目标的日本家电品牌，创始人寺尾玄经历了非常独特的设计过程才制作出标志产品电风扇 Green Fan，它的成功就在于几乎完美地还原了自然风的感受，因为自然而舒适。

美国心理学作家克里斯蒂安·贾勒特曾写过一本书——*5 Creativity Myths You Probably Believe*，其中提到了我们在理解"创造力"时容易有的误区，创造力并不是凭空而来的，我们认为的那些天才是在很多材料的基础上才有的，他必须先熟知某个领域，才能孕育出某些新视点，牛顿发现重力说，是基于以往大量的想法和研究的，苹果只是一个契机。

在自然环境优美的日本，这种学习有着天然的优势，小学三年级开始学习"理科"，是孩子们最喜欢的，它并不是单纯意义上的数理化的理科，而更倾向于自然科学的学习，从身边的东西开始，观察身边植物和昆虫、记录光影是如何变化的、接触电力磁力等。

观察是了解世界的第一步，三年级的春天，老师让家里有凤尾蝶幼虫的带到学校，凤尾蝶尤其喜欢柑橘类开花时的芬芳甜腻，珍珠和爸爸在院子里的橘子树叶上发现好几只幼虫，黑乎乎毛茸茸的，连叶子一起摘下来装到放鸡蛋的盒子里，珍珠宝贝似的端着去上学了。在班上孩子们 30 多双眼睛的注视下，这几只丑乎乎的幼虫居然真的慢慢地变化成了美丽的凤尾蝶，孩子们用画画的方式记录了整个过程，非常神奇。

我家周围有很多公园，环境优美，又保持了很多原生态的自然，一年四季，孩子们最喜欢背着装虫子的小筐子拿着捕虫网在公园里四处寻觅，蝴蝶、蚂蚱、蝈蝈都是孩子们的最爱，如果能抓到长着威风凛凛的触角的甲壳虫就更开心了，有几年夏天我们在家养甲虫，孩子们可以观察到藏在木渣中的甲虫如何破土而出，如何长出硬硬的铠甲，泉泉的暑假观察日记就记录了这个过程，他的画笔下还能看到甲壳虫的触角上细细的绒毛，不抓在手里认真观察是看不到的，当然少不了被甲虫的大钳子夹到。

孩子们在幼儿园的每个秋天，附近农场的"移动动物园"都会应邀来访，小动物们来的当天早上，孩子们从家里带来切好的苹果片、面包片和卷心菜、胡萝卜等各种蔬菜，放在手心眼巴巴地等着小鸡、小猪、小羊来吃，不用隔着栅栏就可以亲密接触。

观察之后就会产生兴趣，去寻根溯源。在自然的环境中，孩子们最喜欢看的书籍也和自然有密切联系，泉泉刚上幼儿园的那个春天，每到周末就能看到附近一个女孩捧着一本常见的《植物图鉴》和爸爸在路边和公园寻觅的身影，不过是常见的蒲公英、三色堇、水仙，爸爸也耐心地和她一个一个找出来和图片认真核对。日本的各种图鉴制作精美，种类齐全，在我们家也最受欢迎，植物的、动物的、昆虫的，还有泉泉最爱的恐龙，大人们平时翻看都觉得特别有收获。

孩子们在学校也能接触到很多的书籍和图鉴，产生兴趣后，孩子们又很自然地喜欢做与之相关的事，小学各个年级的孩子们在学校里种小西红柿、种牵牛花、种丝瓜，五年级时还种过大米。科学课让孩子们多动手，做简单的木工，制作皮筋为动力的飞机，他们从小动手能力就很强。

家庭的影响更是不容忽视，暑假男孩子们最喜欢的是养甲虫，有时候需要爸爸出场帮忙捉虫，养在虫箱里。有年夏天，我们办公室附近的一个小植物园出现了大量甲虫，男同事们各个兴奋无比，十只八只地抓回家，甲虫钻在细细的锯末里，有专门的果冻作为食品，搞技术的同事还分享说，果冻不能一下子都揭开，要在上面划个十字口，既不容易干燥也节省，果然干什么都是技术控。

日本热衷于 DIY 的爸爸们很多，日语中有一个词叫"日曜大工"，指的就是星期天在家里做木匠或者手工的爸爸们。我先生老中就是其中一位，他是搞生物的，以前常泡实验室，如今做管理工作，繁忙的日常之外，动手做东西对他来说是解压的一种方式。他和孩子们一起做鸟窝、搭露台，让孩子们用电动螺丝刀上螺丝，拿了水平仪去测量，尺寸、水平和框架这些立体概念比数学书上的更具体。

德国哲学家叔本华曾经说过："诱发一个人思想的刺激物和心境，往往更经常地来自现实世界而非书本世界。呈现于他眼前的现实生活是思想的自然起因。"

思想如此，科学研究、设计创造亦如此，谁能知道这些生活与自然密不可分的孩子们当中，有没有可能出现下一个可以为人类历史发展做出贡献的诺贝尔奖得主呢？

11

小学的防灾教育

🪴

房子发出声音并开始剧烈摇晃的那个瞬间，2018 年 6 月 18 日早上 7 点 58 分，大阪地震了。珍珠已经背上书包换好鞋，在玄关等弟弟一起去上学，泉泉伏在书桌前赶着写日记的结尾，那是周末的作业，周末出去玩儿了两天，回来太晚没时间写。我在洗脸间整理东西，老中在院子里收拾垃圾，周一是每周两次的垃圾回收日之一。

珍珠甩掉鞋子，和我一起冲进客厅，钻进大餐桌下面，泉泉比我们更快，他扔掉铅笔，一个箭步滑进餐桌下。进客厅门时我看到窗外，马路对面的那家女主人正在整理垃圾桶，她扔掉手里的垃圾袋也冲进了厨房。

短短几十秒，房子停止了晃动，我们从桌子下面爬出来，老中也回到房间，说他在院子里摔了一跤，看到露台上的不锈钢晾衣杆一度弯折到将近直角，瞬间又恢复了正常。打开电视，新闻上已经开始报道了，6.1 级的地震，震中就在我家附近的大阪北部，震源距离地表不过 10 公里，因此体感才那么强烈。

看了看房间，好在日本的房子收纳都在壁橱，家具不多，家里除了客厅大书架顶层的书和小东西掉下来一些，没受太大影响。我把散落在地上的《水浒传》小人书收起来, 再把餐桌上的花瓶和其他带玻璃的东西安置好, 孩子们在家都光脚, 玻璃类物品最危险。

要不要去学校? 如果有余震的话, 也最好是去空旷安全的地方。我出门看了看, 路上没有大人和孩子的影子, 除了每天早上路口站岗护送孩子们的老爷爷, 他说: "你们担心的话, 就去学校吧, 肯定有应对措施。" 我这才想起来小学是社区里最重要的建筑物, 建筑抗震标准最高, 可以抵抗 7 级以上的地震, 而且操场和体育馆都是地区指定的紧急避难所, 很安全, 心里踏实了些。

快到校门口就看到迎出来的珍珠班主任, 老师说孩子们暂时都在操场, 经过教学楼时, 看到鞋柜旁四处散落着孩子们的书包, 想来是刚到校的孩子们正在换鞋时地震的, 估计吓坏了。

姐弟俩找到自己班级, 我在操场旁等着, 身后赶来的家长越来越多, 有认识的妈妈说孩子们那天走得早, 不知道地震时是不是在电梯里, 担心极了, 看到六年级和五年级的兄妹都在, 才放心地走回来。操场边还有背着大背包的老爷爷老奶奶, 他们的人生经验丰富, 平时就会准备好必需的防灾物品, 碰上地震背上就走。

家长和老师们都在操场, 校长手中高举着平时防灾演习时的资料, 每年一次的家庭参观日后总有一项 "灾害时儿童与家庭交接" 的演习, 就是为了应对这样的状况, 那是头一次真正派上用场。而每个月孩子们都会有一次避难训练, 早上泉泉准确快速的 "钻桌子" 行动, 就是得益于他们多次重复后的自然反应。

等了不到 10 分钟, 手机上先收到了学校群发的电子邮件, 让家长尽快去操场接孩子, 校长这次拿着大喇叭让在场的家长去班里先接孩子回家, 如果余震厉害再以家庭为单位去体育馆避难。回家路上看到好多出来接孩子的妈妈，还不到 8 点半，互相说着吓死了，路口守候的老爷爷还没走，一直站在那儿。

回家以后，我也接到了单位通知放假的邮件。孩子们把吃的玩儿的都搬到大餐桌下面，铺了毯子，三年级的泉泉还是受了惊吓，一直问我："妈妈，一会儿还会震吗？要是再震怎么办？"除了吃饭上厕所，他几乎都躲在桌子下面，我找出家里的百科全书给泉泉讲了地震的原理，告诉他无法预防的东西只能去适应并保护自己，他才放松了些。我向国内的家人报平安，特意给老妈看了姐弟俩在桌子下面做游戏的场景，让他们放心。此时电视上已经有不少新闻报道了：附近市里的小学生被学校游泳池旁倒塌的水泥墙砸到、路面水管破裂变成大水坑、有些房子着火了、地铁电车上被困的人群和车站排成长队等巴士的人群，俨然一幅幅灾难场面。我把全家的护照和贵重物品都收在一个大包里，放在玄关，做好准备。

之前的周末出去了两天，家里一点吃的都没有，朋友发信息说离家最近的超市正常营业，但是人特别多，那也不管了，我赶快冲到超市。收银台前的队伍排到超市另一头，除了方便面类的食品和瓶装水，超市里一切正常，手脚麻利的工作人员早早收拾了现场，只有平时摆放宣传资料的架子有些凌乱，还留着地震过的痕迹。

买完东西取完钱，从超市出来碰到小学六年级的老师，把一个背着书包的孩子送到在超市柜台忙碌的妈妈身边，妈妈抱歉地向老师道谢，老师笑着说是他们班的最后一个。平时防灾演习时如何把孩子安全送交到家长，分好几步：有条件去学校的家长直接去接，其余的先电话联络家长来接，实在来不了的，老师就分别送孩子回去。我们离开学校后的几个小时内，附近的单轨电车停运了一段，不知道已经早出门上班的家长们怎么赶回来，而这个期间，老师们要挨个联络家长确保孩子平安，真是辛苦了。

日本是自然灾害大国，平时防灾意识就很强，防灾措施也很多，孩子们除了日常的防灾演习和训练之外，夏天的游泳课还会特意设置一节穿着日常服装下水的体验课，地震、台风也有可能造成水灾，又不可能正好处于穿着泳衣的状态，有这样的体验可以防患于未然。

在自然面前，人类总是弱小的。2011 年 3 月 11 日，日本东北地区经历了百年不遇的地震和海啸，此后全国各地的防灾意识更加高涨，次年开始，大阪每年 9 月初都会进行一次"880 万人训练"，各种通信运营商都参与进来，当天所有的手机会接到灾难通知的紧急邮件，各单位分别进行避难演习。

当天晚上有过几次余震，最大的据说有 4 级，周二早上起来后泉泉放松了不少，他说睡在床上感觉地震没那么害怕了，就像在荡秋千。

学校停了两天课，孩子们的课外班也休息了两天，倒是绘画班的桑原老师发来邮件，说周三正常上课，特意补充说所有的孩子都可以去，因为这种特殊时刻才更需要心理治愈发挥作用。想到地震当天泉泉一直都处于害怕和不安的状态中，自然灾害对小孩子的影响很大，一个不小心就会留下心理阴影。我们的社区年头还不长，建筑也没什么影响，电视里看到不少旧房子倒塌，要是孩子们看到那个场景不知道会影响多久呢。我的英语班也正常，只是上课时多留了些时间和孩子玩儿卡片游戏，希望能缓解孩子们的紧张情绪。

学校周四恢复了上课，但是因为学校食堂的天然气还不能用，这两天只供应简单的配餐，估计是饭团或面包牛奶之类的，孩子们早上背着书包三五成群地走了。我上班的地方在 8 楼，实验室设备损坏很严重，修复需要一段时间，好在地震发生时大家都还没来上班，没有人员受伤。

　　日子重新恢复正常，卫生间里，保洁大婶一如既往地插了花，那天的紫色小花格外漂亮。

12

"复古"联络册的大作用

🪴

日本能成为亚洲的观光胜地，最吸引人的地方在于现代和传统文化的共存，既有鳞次栉比的大都市风光，也有时光几乎停在历史中的古都和乡村，再加上精致独特的动漫，来日本旅游像一场穿越不同次元的奇妙体验。

而在日本生活久了，现代化的生活变得日常，又发现很多从前的习惯都能以朴素的方式保留下来。比如田园生活的大喇叭广播，我婆婆住的村子还在使用，每天四次定时广播，早晨 6 点起床号，中午 12 点午饭号，下午 3 点广播体操号，下午 9 点休息号，在那里住，我常在午睡梦醒时分以为回到了幼年时代的兵工厂。比如从前被认为是"迷信"的老规矩，孩子出生后要去附近的神社祈福，动土盖新房子时要请人作法，葬礼请附近寺庙的大和尚来念经，皇历上"友引"的日子不能办丧事，因为怕把朋友带到另一个世界里。

这样的传统，在教育现场的小学又是如何体现的呢？孩子上小学了，家长都很关心和老师的联络沟通方式，在通信如此发达的时代，准备好手机、扫码、建群、发消息大概是最简单有效的了，再不济，登记电子邮箱群发邮件，再退后一步，也可以做个电话清单。当我看到珍珠拿回来的纸质联络册时，确实大吃一惊。

这个用于家长、老师和孩子沟通的联络册，只是一个竖版空白的本子，没有任何数码和网络因素，装联络册的袋子是个防水的塑料套，有指定的格式，在任何百元店都能买到。每天上学放学，必须带的就是联络册袋，学校不时发放的各种通知也装在里面带回来，通知基本上都是再生纸印刷的，颜色有点发黄，显得很旧，但很结实，揉搓一阵也不破。

上小学后第一次家长会上，班主任老师就特地交代：没有特别紧急的事情，比如上学路上出交通事故之类，不要给学校打电话，学校就一个电话，没人专门接电话，我误打过一次，接电话的是校长本人。孩子生病要请假或有其他事由，当天早上写在联络册上，由家里的兄弟姐妹或者附近的同学带到学校给老师就行。公立学校严格划片入学，小区里总能找到可以帮忙的人。每本联络册老师都会查看并盖上名章确认，需要答复的老师就直接写在联络册上，有特殊情况老师才打电话给家长。

联络册的内容很简单，基本上是当天的作业和学校的通知，或者提醒第二天要带的东西，刚学会写字的一年级小豆包们，用 4B 或 6B 的铅笔，字写得又黑又大，一不小心就溢出格子，老师们童心未泯，有各种各样的卡通印章，配上"我看过了""写得不错""加油"等字样，颇有康熙皇帝批阅奏折时盖上"朕知道了"的感觉。

刚上学的小朋友还规规矩矩，熟悉学校环境以后开始在联络册的边角乱写乱画，珍珠一年级每天记录下当天作业后，都在结尾处画个小方框，提示老师"请在此处盖章"，老师也配合地盖在方框里，看起来师生关系很放松。

我经常写的联络事项是哪天放学后要直接去兴趣班上课，请老师提醒，丢了名字胸牌需要补买，冬天肠胃不适午餐不能喝牛奶，净是各种鸡毛蒜皮的小事，老师每次都很正式地在后面一行答复："明白了！"让人想到老师在学校那端鞠躬的样子。有天夜里珍珠突然发烧，我早上写好联络册，交给邻居家的孩子带给老师，下午他又带回来了，里面多了老师的留言和班级同学写的当天上课内容和第二天要带的东西，还有"快点好起来！"的留言。

如此原始的联络方法，从一年级用到六年级，没出过什么娄子。姐弟俩之间不用说，他们熟悉彼此的老师，需要请假，把联络册送到班里就行。有一次小区里一起上学的孩子生病请假，孩子妈妈一大早来我家，让姐弟俩帮忙把联络册带给老师，也能解决问题。没有家长群，孩子们班上的家长我认识的也不多，但有了这个联络册，学校的活动和大小事我都能知道。

学校还有一个紧急邮件组，家长们可以用自己的电子邮箱地址登录，这样如果有台风等突然的坏天气需要家长去接，发生地震等自然灾害时要紧急联络，或者学校有临时的紧急通知，就可以收到邮件。

如此的老古董能一直用说明它是有价值的，这些价值从何而来呢？

一个价值建立在很多年来家长和公立小学之间的信赖关系上，就像几十年前我们小时候上学，家长送孩子到学校，常对老师说："我这个娃就交给老师了，该打该骂听老师的。"这个信赖关系一直是稳固的，老师的定义就是"传道授业解惑"，学校是教育最主要的现场，这也是学校存在的意义。

在日本，从公立小学到大学的老师都是公务员，加上教师职业资格，有这两个硬件卡着，水平不低。公务员的待遇不低于全民的平均水平，且有假期，产假育儿休假完备，是老师们长期安心工作到退休的后台保障，而政府的服务机能和家长的志愿者活动又起到了有效的辅助作用。日本的公立小学严格执行划片入学，只要是住址登记在学区内的孩子，不管是自住房还是租房，在要上学的半年前都会收到政府教育部门寄到家里的卡片，拿着卡片去学校体检参加说明会就可以了，甚至没有报名的环节。

在日常生活中，学校的体育馆和操场也常免费借给社区活动做场地，孩子们的课外班、幼儿园的运动会、社区活动夏日祭等等都在小学校园进行。因为学校经常对外开放，孩子们早早地就熟悉了学校的环境，接下来背着书包去上学变成"水到渠成"的一件事。

学校的主角是孩子，老师和家长没有琐碎的沟通，就能保证有更多的时间专心教学，认真关注班上的每一个孩子。日本的小学每个班级学生定员不超过40人，除了音乐课、家庭课、英语课有专职老师，班主任老师负责其他所有的教学科目，每天和孩子们在一起的时间很多，对每个孩子的情况都很了解。

另外还有一个重要的因素就是整个日本社会对于个人隐私这个概念的理解，联络册可以保证每个家庭和老师之间的单向联系，除了联络册，学校里需要填写家庭资料都是一人一个信封，每个家庭不一样，有的家里连学校活动拍照都不愿意让孩子露脸，有一年有9个学生，运动会上拍照都得避开这些孩子，学校都要保护这些隐私。

通信技术日新月异的现在，不用智能手机的人也很多，甚至有些人用了一阵智能手机后又放弃，重新启用没有网络和各种APP的传统手机，老师没有权利要求各个家庭安装什么社交软件，就要采用最原始的方法，甚至于手机出现前的方法，家庭电话和这些手工书写的联络册，不变应万变，从实际效果来看也够用了。

　　每年学期结束，联络册完成使命，我都会留一本做纪念，因为那上面有自己和孩子手写的笔迹，一年级泉泉刚学会假名和汉字，画画一样地跟着老师抄黑板上的内容，写的字力透纸背；二年级很多联络事项都是缩写和只有他们自己能看懂的符号；高年级后，联络册的空格变窄了，珍珠的字娟秀整齐，每年留一本，以后再看，是他们从懵懂儿童到少年少女的别样成长记录呢。

13

嘘！老师来家访了！

🌱

　　小学老师要来家访了！孩子的心情会怎样呢？紧张？兴奋？忐忑不安？全校 1000 多个孩子，不知道能有几个吃了熊心豹子胆的孩子会想着顺便捉弄一下老师？女儿珍珠就是其中一个。

　　那是珍珠四年级时候的事。

　　每年 4 月开始新学年新学期，孩子们和新班主任老师彼此适应一阵儿，就要开始家访了。家访持续一周，孩子们吃完午饭就放学，老师利用下午的半天时间分头分片进行家访，珍珠班上将近 40 个孩子，也就是说老师每天下午要跑 8 家，好在孩子们住得比较集中，离学校也近，老师开车或者骑自行车就可以到。

　　老中说，他小时候，家访可是大事，那会儿的老师都很威严，在学校体罚学生是家常便饭，家访时总要"登堂入室"，坐下和家长面对面长聊，妈妈们这天要特意准备蛋糕点心等吃食待客。如今，体罚已经没有了，而且要尊重个人及家庭隐私，很多老师家访都不进房间，就站在门口和家长说话，水也不喝，说完就走。

　　不过每个老师的做法不一样，年轻的老师多会听从学校的建议不进屋，年长的老师觉得还是坐下来说话踏实，如果家长邀请进屋，就会顺水推舟。孩子们每年都换新老师，我都做好两手准备，有年珍珠和泉泉的两位女老师都在家里坐了20分钟，踏实喝了我凉好的盖碗茶，吃了稻香村的点心，家访内容不多，基本上聊聊孩子在学校和家里的表现就结束了。

当家长的自然不能掉以轻心，老师下午3点要来家访，我特意请了半天假回家准备"迎敌"，不对，是"迎客"。如果老师选择在家里坐下说话，当然得保持房间整洁干净，我归置东西擦桌子正干得热火朝天，珍珠回来了。看我在忙，她主动提出收拾自己放书包和书的小架子，一头钻进书房，等我去书房拿吸尘器时，却看到她站在桌子旁愣神，嘴角挂着神秘的微笑。

"珍珠，打什么坏主意呢？"我问她。

"嘿嘿！"她只是笑。

"待会儿你还出去玩儿吗？老师来的时候你们最好不在场。"我说。

"玩儿！我和好朋友约了在公园会合！"她看了下表，"呀，快到点了！"

她把东西收拾好，背上小包和水壶跑出去了，出门前扭头对我一笑："妈妈，我有个好主意，待会儿回来跟你说！"

珍珠和小朋友口中的班主任男老师姓平家，住得有点远，是从其他小学新调过来的，每天骑辆白色的大摩托车来学校，爱穿红衣服，讲课很有意思，课间休息在操场上和孩子们玩儿相扑游戏，光着脚，而老师的年龄呢？是永远的12岁。12岁？是在小学毕业以后便拒绝长大了吗？真让人好奇。

等我剪下院里开得最大的那枝月季，插瓶放在桌子上时，听见珍珠回来了，这次不止一个人，她拉着家门连着说了三声"请进"，我探头一看，带回来 3 个女孩，都是同班的小朋友。天气热，孩子们脸蛋红扑扑的，可能是兴奋的。珍珠说："妈妈，待会儿要进行一个大作战，我们要藏起来，给平家老师一个大惊喜！"

不管是惊喜还是惊吓，能让孩子这样花心思的老师，应该和她们相处得很愉快吧，我这样想着，没有反对。我让她们把鞋都放上门口的鞋架，而不是摆在玄关，这样显得家里没客人。

4 个女孩钻进书房，叽叽喳喳地讨论着，最后定出的作战计划是：大家一起藏在书房，但要在玄关、墙壁和房门贴上"诱敌深入"的提示标志，等老师推开书房门，再一起跳出来欢迎！

玄关处的提示非常明显，家里有个我上英语课用的大白板，孩子们在上面你一笔我一笔地写着："欢迎光临！（帅帅的）平家老师！永远 12 岁！请沿左边箭头前进！"箭头是珍珠用各种香味彩笔画的，特意注明："请仔细闻一闻，并回答都有哪些香味。"在童稚的字体旁边，是老师的卡通画像，方方的脸，大眼睛，下巴上星星点点的胡子。

一切准备就绪，就听见窗外传来摩托车突突的声音，"嘘！来啦！老师来啦！"四个女孩尖叫起来，忙不迭地藏起来。摩托车停在家门口，接着门铃声响起，我拉开门，迎进戴着头盔穿着白色短袖衬衫的平家老师，他一眼就看到了门口的白板，捂着脸说："啊，不好意思。"我说那就进屋坐着说吧，老师跟着进来了。

在客厅餐桌旁坐下，老师说孩子们都很好，有自己的个性。建班初始，他让孩子们写下对这个班级的期望，整理打印出来，告诉孩子们，期望都可以实现，因为班级的主角只有一个人，那就是"你"——孩子们自己，至于个体与集体的协调，他会和孩子们一起做好。

老师问起了家长的要求，我觉得学习上暂时没什么要担心的，为了得到老师给的大红花，珍珠学得挺起劲儿，尤其是汉字，写得跟印刷体一样。我只提了一点生活上的建议，天气慢慢热起来，珍珠和其他孩子一样，只知道玩儿，不会主动喝水，希望老师让孩子们把水壶放在显眼的地方，再多多提醒他们喝水，老师痛快地答应了。

就这样，不到 5 分钟，我们就结束了家访谈话。老师只喝了放冰块的茶水，没有吃盘子里的蛋糕，他起身看着白板上的字说："这不是珍珠一个人写的吧？"

"是啊，好几个孩子。"

于是，老师很配合地跟着箭头的方向走到了书房门口，拉开门，书桌被几张折叠椅子挡住，从那下面，先是滚出来一个球，接着传出抑制不住的笑声："欢迎光临！平家老师！"

"你们！都是谁？"

老师绕到桌子旁边，看到一个又一个孩子从桌子底下钻出来。之后，她们簇拥着老师走到白板前，抢着说字是谁写的，画是谁画的，主意是谁出的，还让老师挨个闻了水果香味的彩笔，最后问老师："是不是很惊喜？"

老师点点头，指着画像对珍珠说："是你画的吧？知道你观察仔细，胡子都没忘。"然后拿起红笔，把"帅帅的"那几个字圈起来，圈了好几遍，"这才是重点哟"，那一刻，我好像突然明白了老师自称"永远 12 岁"的缘由。

孩子们把老师送到门口，还不忘指着鞋架问："老师，没发现我们的鞋吧？"又是一阵小得意。送走老师，4 个女孩回来相互击掌，家访大作战成功！

看看孩子们开心的笑脸，又看看平家老师骑着摩托远去的背影，我想起了自己高中时的班主任许老师，我对小朋友捉弄老师这样的事情并不反对，师生间只有建立了彼此信任和放松的关系，学生才敢这样恶作剧。不得不承认基因的强大，因为这事儿我上学时也干过！

高三那年的愚人节，我和班上的女同学突发奇想要捉弄老师，冲到老师家谎称某同学身体不适晕倒了，班主任许老师正准备吃午饭，高度近视、年近花甲的他扔下筷子跟着我就跑，跟跄着跑到宿舍，俯身要背起"晕倒"的同学送医务室时，同学们一起笑着大声喊："许老师，愚人节快乐！"老师没有恼怒，只是嗔怪了一声："你们这群孩子！"就转身背着手走了，哼着小曲，那是高中生活中我印象最深的一幕。

多少年过去了，那个有一肚子知识的幽默和善的许老师早已离开了我们，想起老师，还会想起那年愚人节的恶作剧，想起有次他出去培训，回来那天，男生女生一起在黑板上写了大大的一行字"许老师，我们想你"，我们的怀念一如那行黑板上的字。

珍珠的书桌上，一直摆放着四年级春游时的班级合影，对于她来说，四年级的"家访大作战"的记忆也会跟随一生吧。

14

轻松的家长会

每到年底期末考试，最让大人提心吊胆的事情莫过于参加孩子的家长会了。日本的小学生家长则大可放心，虽然平时小测验或者期末考试都会判分，但是成绩单上不体现分数，只是按照综合成绩评定为三个等级，双圈意味着"非常好"，单圈意味着"很好"，最低是个小三角，意味着"要加油"。不管孩子们成绩如何，都不会公开发表，像家访一样，家长们去学校和老师进行一对一的面谈，如果家里有多个孩子同校，各年级的班主任老师会互相沟通，尽量安排在同一天的不同时间段，很是贴心。

珍珠四年级的那个冬天，我像往常一样怀着放松的心情走进学校。先去四年级二班，还记得夏天来家访的号称"永远12岁"的班主任平家老师吗？过了一个学期，他当然还是12岁，笑着在教室门口迎接了我。他拿出一张纸，上面是学校这学期进行的各种学习活动总结和孩子们的自我评价，说珍珠的自我评价非常客观，"您知道，班上将近40个孩子，总有几个不自信的，也有几个过于自信的。"珍珠对自己的情况非常清楚，擅长的和需要再努力的，和老师对她的评价一致。

　　珍珠最大的进步在于独立解决问题能力的提高。班上按座位前后分成几个小组，小组活动时组员间难免有矛盾或者意见，第一个学期珍珠常跑来向老师求助，平家老师说："我不是你们组的呀！你现在把老师想象成那个问题组员，试试要怎么说出来，或者要用什么方法协调。"珍珠挠着头回去想办法，老师会装作不经意地过去，询问进程或者结果，最后总能顺利解决问题。老师说现在经常能看到珍珠发表意见，有时候还会发火，感觉很有活力，孩子们在活动中意见不同有摩擦很正常，解决问题后并无芥蒂，珍珠和所有同学都能相处融洽。"没什么可担心的。"老师说。

　　上着学，珍珠越来越擅长的反而是在家里，她爱收拾家、归置东西，自己的衣柜、书架都摆放得无比整齐，时不时还帮我整理厨房的储物柜和客厅的大书架，理出不要的东西处理掉，已然是个"断舍离"的坚决执行者。

　　珍珠最喜欢的科目是语文、理科和社会，每两周去图书馆借一大堆书，有做实验的，有人体解密的，有 12 岁少女的初恋，还有漫画家高木直子的书，那年的生日礼物是日本国立天文台每年出版的《理科年表》，内容包括天文、气象、物理、化学、地质学、生物、环境等，还有一套《透明的摇篮》，是关于孩子如何诞生以及生命可能的缺陷的书，我觉得有些过于现实，是不是有点早？珍珠却很喜欢。

　　四年级他们开始做些理科小实验，正好有次周末我要加班，带姐弟俩一起去了大学实验室，看到了白大褂瓶瓶罐罐的现场操作，像开启了一个新世界，回家以后两人都戴上手套，一本正经地坐在桌前用肥皂水、水彩颜料调制自己的"样品"，我看到珍珠在自我评价表中提到了这学期最喜欢的活动是"做实验"。

　　此外平家老师还提到了珍珠"关心别人"，老师每天骑摩托车半小时来上班，冬天了，有时候他进教室时大喊"今天天气好冷啊"，或者喊"累死了，腰疼"，到课间休息时，珍珠就跑到讲台旁问老师"没事吧？"很自然，很治愈。在家里也一样，我趴在电脑前弄东西时，珍珠悄悄地给我泡一杯红茶，也给总是在电脑前忙碌的爸爸送一杯咖啡。能体贴家人，让别人感到舒服是件很难得的事。

　　那个学期不开心的事只有一件，是关于汉字的大小问题，平家老师在汉字练习本上写了"字太小了！再大点！"的评语，有天珍珠淌着眼泪回家，拿出本子问我："妈妈，汉字为什么要写那么大呢？我写的又没错，也不难看，为什么老师那么在意大小呢？"我想起三年级时也纠结过这个问题，猜测是因为高年级学的汉字有些难笔画也多，太小的话不容易看出笔画错误。

　　倒也没有更多的抵触情绪，既然老师有要求，那么写得大一些，之后珍珠的汉字作业上总有老师的"Very good！""非常棒！"的评语，贴着可爱的贴纸，偶尔还会看到老师写在作业上"太小了！"的评语，她只是笑着说："哼哼，那就写得又大又漂亮给你看看。"似乎不在意了。

　　和平家老师谈话，我特意问起了这件事，想听听他的想法，老师说，都说"字如其人"，当然字体大小美丑都没关系，他是想通过写字告诉孩子们汉字在不同场合的用法，尤其是日本，婚丧嫁娶等出席正式场合要签名字时，自然是大一些的字更得体，写小楷写大字，固定的格子大小不同，尽量平衡地最大利用空间，不也是一种美吗？他指给我看墙上孩子们写的大字，特意指给我看珍珠的字，很好看。很多日本女孩写汉字很有辨识度，都是那种圆圆的可爱的字体，老师说班上也有孩子开始那样写了，那也没什么，不过在汉字作业本上，他要求必须横平竖直地写，这也是一种对汉字的尊重。

看到我表示理解，老师还是很抱歉，他没想到会给珍珠造成负担："哭着回家，哦，我太抱歉了，我要向她道歉。"

冬天学校体育课开始跑步练习，四年级的目标是 1200 米，我听珍珠抱怨说累，想想也是，我自己大学 800 米跑下来都快要晕倒了！老师说知道一气儿跑下来肯定难受，特意嘱咐班上的孩子们不用特别坚持，途中如果累了，可以休息，抱怨过的珍珠居然坚持下来了，体育课上还开始跳箱，老师说，珍珠从来都不怵，她真是个有挑战精神的孩子啊。

接着去见二年级泉泉的班主任芝田老师，走进教室，我就被墙上贴的孩子们的手工吸引了，孩子们先做了剪纸蜘蛛网，把蜘蛛网贴在纸上，又在上面画了蜘蛛。只是不知为何，满墙的蜘蛛都有红色或蓝色的花纹，不像好蜘蛛。

看到我的眼神，老师忍不住笑着说："您注意到了吗？蜘蛛屁股上的红色，那是毒蜘蛛。二年级 5 个班，就我们班画的都是毒蜘蛛。"

老师顿了一下说："都是受泉同学的影响。"

喜欢看各种动植物图鉴的泉泉那一阵正好着迷于一本特殊的图鉴——《危险生物》，除了精美逼真的照片，还有 DVD，他经常一个人坐在大电视前，津津有味地看着各种毒蜘蛛、毒蛇，一点也不害怕。

老师刚发现泉泉画的红屁股蜘蛛时，还不明就里地表扬了一句，泉泉抬头说："老师，我画的可是毒蜘蛛哦，可爱吧？"老师有些后悔，此时其他孩子已经围了上来，然后又散去，结果墙上的蜘蛛都是黑中带蓝、或紫或红的毒蜘蛛，每天孩子们在可爱的毒蜘蛛的注视下吃午饭、学习……当小学老师也不容易，得有一颗多么强大的心。

二年级的男孩子们成立了"小动物俱乐部"，泉泉从附近公园的水池里抓了一只小青蛙，每天带着去上学，看到老师没有反对和批评，其他男孩子纷纷效仿，我在教室外的走廊里看到 5 个大小各异的昆虫箱，青蛙们在层层干草和水中沉思着，还有蚂蚱等新鲜食材。我问老师上课没受到青蛙干扰吧，老师说小青蛙都很安静，只有一个牛蛙一样的大青蛙动静比较大，冷不丁地"呱呱"一声，不算扰民，不过再过一阵得让孩子们拿回家，给青蛙找冬眠的地方了。

和老师们谈完话回家，姐弟俩和平时一样看着电视，一点也不担心我从老师那儿听到了什么，我问他们："你们喜欢上学吗？""当然啦！"他们异口同声。

妈妈也想再去上个小学啊。

15

小学的参观日

每年 6 月底的周末，小学都有一次参观日，家长们可以去学校，看看孩子们是怎么上课的，上课的氛围如何，最近有什么书法或手工作品，高年级的孩子出去体验野外宿营和修学旅行都有什么收获，是了解小学生活最有效的方式，因此，全家出动的不仅仅是我们。

日本的小学教室，课桌、椅子、升降黑板、联网显示屏都是标配，和中国课堂不同的是，没有讲台，老师的讲桌和孩子们的课桌尺寸一样。教学楼是东西走向的单面建筑，南北都是窗户，方便采光，走廊很宽，窗户旁和教室后面有两排大大的收纳柜，用来放孩子们的大书包和其他物品，收纳柜上有排列整齐的课外书，供孩子们课间休息时阅读，整面后墙上不时贴出孩子们最近写的大字和画。

上小学以后，孩子们每天都要在学校待七八个小时，这里变成了他们生活的主场，因此，从孩子的角度来说，他们很欢迎家长来到他们的"领地"，教室、操场、体育馆、游泳池都有他们成长的痕迹，在对这个环境有共识后，听孩子讲述每天在学校的趣事时，更能引起共鸣。正是因为这个原因，小学的参观日也变成了另一个家庭日。

参观日当天，放眼看去，教室后排和走廊的窗外站满了家长，走廊角落是顺便聊聊家长里短的妈妈们，某家父母和中学生姐姐在窗外张望，某家爸爸背着哼哼唧唧的小婴儿来回溜达，某个大肚子妈妈拉着俩孩子和抱着另一个孩子的爸爸从我旁边经过（请计算一下她家有几个孩子），街坊家的小女儿拉着爸爸挨个探险，寻找她认识的哥哥姐姐，找到后一脸满足，校舍开阔的中庭里摆放着低年级孩子的花盆，里面有花有菜，跌跌撞撞其中的是幼儿园的小不点儿们，真是一派热闹景象。

参观一般都在上午，孩子们正常上课，家人们可以去参观两节课。低年级的除了一门语文或数学，多半会设一节手工课，家长可以参与进去，和孩子用瓶盖和纸盘做个简单的陀螺，或者用旧报纸做个动物造型，体会一起动手的乐趣。

三年级在上数学课，教室里的孩子们故作认真地上课，不时扭头四处打量，寻找家人。坐在最后一排的泉泉低着头又写又擦，看上去十分专注，抬头看到窗外的老中却忍不住大笑，我扭头一看，老中为了引起儿子的注意，手戳鼻头保持猪鼻子状，已经好几分钟了。

五年级的社会课在讲述如何在网络上保护自己的隐私问题，随着智能手机和网络游戏的普及，很多家庭都会遇到这个问题，免费的玩具或游戏当然很诱人，但是如果要求填写家庭住址或个人信息，就要再想一想，这个提醒和警惕对孩子来说非常有必要。

六年级的孩子们刚结束了为期两天的广岛修学旅行，在体育馆介绍了他们参观核爆旧址和纪念馆的感受，对于在和平年代长大的他们来说，是个很震撼很直观的教育。

听年长的朋友说，中学也有参观日，但是家长就去得很少了，青春期的孩子有的甚至不愿意让父母来学校，小学生们就很单纯，都希望家长看到自己努力的样子，上课时老师一提问题，一个个小手举得高高的，老师也尽量叫到每个孩子，给他们展示自己的机会。第四节课的时间一般都接近中午，有个别孩子似乎是累了，在满教室家长的注视下，脑袋左晃右晃，公然睡着了，没几分钟又醒过来，跟着大家一起做练习，非常可爱，饶是如此，老师在结束参观时还会特意对家长们说："孩子们都很努力，请回家后一定好好拥抱一下他们！"

到了课间休息，孩子们都跑出来找家人。下课的珍珠拉着爸爸去教室后面，看她画的素描，泉泉则拉着我去楼道看他的手工作品。泉泉班上的一个同学的爸爸是业余空手道教练，我看到小朋友从教室出来一头顶在爸爸的大肚子上，估计在家里他们经常这么玩儿，被父母关注和喜爱的孩子，在一旁看着也感到十分欢喜。

平常孩子们上学不需要接送，都是自己走，参观日是难得的和家人一起放学回家的好机会，老中拉着姐弟俩走在前面，我在后面，看着他们的背影，突然发现孩子们的书包变小了。日本小学生用的书包很结实耐用，一般都会用整整 6 年，背上的书包不变，背书包的孩子在一天天长大，变成了他们成长的参照物。

参观日之后的日常生活延续，吃完中饭，姐弟俩背上水壶、骑着自行车去公园玩儿，我和老中骑车去园艺店，路过公园看到孩子们在高高地荡着秋千。看到我们后，去园艺店的两辆自行车变成了 4 辆，排成长长的一溜。

放好自行车，老中拿出零钱包递给珍珠："去给你们买饮料吧。"园艺店有好几台自动售货机，孩子们欢呼着跑了，等我和老中在外面挑完花，去休息厅找他们时，冰激凌已经吃完了，他们又骑车回公园玩儿。

那年参观日前，看了一期大阪地区每周五晚间的《侦探骑士社》节目，照例为普通市民解决各种难题，说的是一家母子，他们想还原半年前去世的父亲的味道，孩子们中学生模样，拿着与父亲依偎在病床上的照片，家人记忆中父亲的味道，混合着久病住院的医院的味道、中年父亲的"大叔体臭"，还有女儿修学旅行买给父亲当礼物的护手霜的玫瑰味，节目组一次又一次配合调制，最终如实还原了味道，看得人泪奔。

一段关系，一家人，为人父母，为人子女，行走在人间的缘分，或长或短，谁能知道哪一刻会是彼此回忆最深的片段呢？一个背影，一种味道，一个画面，一首歌，参观日窗外爸爸的鬼脸，公园里玩耍后的冰激凌，谁知道哪些会成为分别后孩子想起来的慰藉，哪些又是支撑他面对困境时的一点光亮？

英国歌手 Elton John 有一首很有名的歌"Your Song"，尤其喜欢最后一句歌词："How wonderful life is while you are in the world."不管我们的人生最终要谱成什么样的乐曲，最精彩的生活是你们都在这个世界上。而最好的育儿和教育，就是一家人在一起，家庭也好学校也好，每一个时刻都彼此在场。

那次参观日结束后一起回家时看到姐弟俩的背影，让我觉得，那个我们都在的时刻，就是最好的时光。

16

种菜种瓜

　　每年夏天，孩子们都会在学校种一种植物或蔬菜，一年级种牵牛花，二年级种西红柿，三年级种凤仙花，四年级种丝瓜，五年级在花盆里种水稻，收获的水稻一起脱壳，每人能分到一小把大米，真是一粒一粒可以数过来的收获。离学校不远的地方有一片"市民农场"用地，六年级的孩子在那里种红薯，深秋时节，学校还会在操场上来一次大型"烤红薯"活动。植物蔬菜的开花结果需要很多的关心和照顾，每天课间休息去学校庭院里观看长势，孩子们特别乐意去做，在观察植物成长变化的过程中，孩子们能学到很多东西。

　　社区里到处是花花草草，为了美化环境，市政府还定期免费发放一些花苗，我们在院子里安装收集雨水的装置，又买了水泵抽水浇花，这也算得上是环保行为，可以申请市政府的生活设施辅助金，来报销部分费用。在这样的环境下，孩子们很自然地喜欢上了种花种菜，于是每年我们都在院子里种小西瓜，没有沙地、瓜田和瓜棚，就种在花盆里。

　　西瓜苗是从园艺店买的，是橄榄球大小的小西瓜品种，种下没几天，它们就在篱笆上伸展出一大片自己的领地，黄色小花次第开放，虽然都是五个花瓣，但有雄有雌，雌花开得很大，像敞开心扉的少女，浓浓的花粉撒满三个花蕊，开放时就带着一个小小的瓜，雄花花蕊像挤出来的冰激凌，花瓣半开着，像有些羞涩的少年。西瓜需要人工授粉，把雄花摘下来，将浓浓的花粉蹭在雌花的花蕊上，不久就能看到雌花下的小瓜顶着黄花长大。西瓜授粉必须在早上进行，老中招呼早起的珍珠一起辨认雌雄花，试验了一番，这个授粉过程俗称"点瓜"。有年暑假我们回国，老家的胡同里有本地瓜农骑着三轮车叫卖西瓜，他说"点"得不太好，所以瓜没长好，说的就是授粉不均匀的意思。

种西瓜是为了吃，栽种过程中难免产生感情，尤其是做了母亲的人，容易母爱"泛滥"，看小西瓜都像小婴儿，手指头大小的小西瓜顶着慢慢枯萎的小黄花，上面长满白边的茸毛，像极了浑身胎毛的新生小动物，透着招人疼的可爱劲儿。不过，光有怜爱可不够，西瓜宝宝成长的每一步都需要精心保护，我们满怀期待地等它长大，自然界却没有这么温柔。珍珠亲自授粉的小西瓜眼看长到拳头大，却被贪嘴的乌鸦啄出个大洞，珍珠心疼得都快哭了，我们赶快给小西瓜套上保护袋，又给整个瓜架罩上网子，让它们在安全的环境下放心长大。

自然界的优胜劣汰随处可见，有时候会见到并生的两个小西瓜，像对双胞胎，不过，瓜藤输送的营养有限，只见一个瓜儿日渐长大，另一个慢慢枯萎，珍珠很好奇"西瓜兄弟"是怎么协商解决的，是"石头剪子布"定输赢？还是听天由命？

一个夏天下来，我们能收获十几个小西瓜。成熟的小西瓜肚子圆鼓鼓的，把保护袋都撑破了，我们用"听声"这个传统方法来检查西瓜是否熟透，左手托着西瓜，右手拍一拍，"砰砰"声中，震动传到手掌心，感觉非常奇妙。

自己种出来的瓜别提多好吃了，红色的西瓜瓤几乎霸占了瓜皮的位置，如果不是瓜皮硬，我甚至想连皮吞下去。珍珠最爱吃西瓜奶昔，西瓜瓤去子弄碎后加香草冰激凌，再倒一点点牛奶，奶香中还保留着西瓜沙沙的口感，简直是人间美味。日本商场里卖的西瓜都标着糖度，10~12度都算比较甜的，我们收获的小西瓜糖度应该在13度以上。

种西瓜的过程还可以体验现代农业的发展，西瓜也可以立体种植。我们用的花盆不大，直径大概60厘米，每盆种两棵瓜苗。瓜藤开始蔓延以后，用S形小钩把它们分不同高度挂在篱笆上，刚好可以做一面瓜叶墙；慢慢长大的小西瓜重量增加，用小网兜装起来挂在篱笆上，也不需要太多空间。这样看来，即使是住在高楼的都市人，也可以在阳台上种西瓜。

瓜田里的西瓜可以透过沙质土壤吸收地下水，我们的"盆中瓜"都要靠人工浇水，每晚一桶水，加上夏日暖阳的照耀，就精气神十足，当然也缺不了肥料的滋养，孩子们从园艺店买来液体花肥，每周都给小西瓜施肥。

夏天要结束时，总有几天，刮着很大的风，很凉爽，打开门窗还能听见闹了一夏的蟋蟀声，赶在台风头一次登陆前，珍珠收起院子里最后一个小西瓜，等待来年。

17

和"特殊"孩子相处

🪴

为人父母，不管对孩子的未来有着怎样的期待，在孩子出生的那一刻，希望都是一样的，那就是盼望孩子的健康，日语里说"五体满足"，也是希望孩子健全没有缺陷。然而即使全世界人们的愿望都一样，生物学角度也难以避免有一定比例的"特殊"孩子，有的缺陷是肉体上的，有些则随着长大的过程才慢慢体现，这些孩子对家庭来说就是"特殊的天使"。

"特殊"孩子也有接受教育的义务和权利，每天上班路上我都能看到写着"特殊支援学校"字样的校车，路旁等车的孩子也几乎都是相似的唐氏儿童的模样。除此之外，有些家长并不愿意孩子接受"特殊"教育，而是选择把孩子送到公立小学，和其他普通孩子一起接受教育，学校也有接收的义务，姐弟俩的小学里就有自闭症儿童、发育障碍的儿童甚至唐氏儿童。

第一次接触到"特殊"孩子是在珍珠上二年级，还不是在校内。我和珍珠去温泉，碰到了她们班上的一个小女孩，个头不高，看上去表情怯生生的，在温泉里几次跑过来和我们打招呼，等我们在餐厅吃饭时，看到她头发也没擦干，又拉着妈妈过来找珍珠说话，和平常接触到的孩子很不一样。后来我和那个孩子的妈妈熟了起来，才知道小女孩有"发育障碍"，表现在精力无法集中、自理能力差、交友方面也有困难，孩子们放学后都约了在公园玩儿，她总是记不住时间或者集合地点，妈妈也不敢让她自己出去，所以有些孤单，碰上喜欢的孩子就很依恋，妈妈有些歉意地告诉我。

那个学期的参观日，我看到小女孩坐在最前面一排，旁边坐着一个挂着胸牌的男老师，特别高大威猛，在耐心地指导小女孩。珍珠说那是学校"笑脸学级"的老师，有时候也有志愿者，是专门辅助这些"特殊"孩子的，平时坐在孩子旁边陪着上课，碰上孩子理解困难的课程，就会集中他们到学校另设的"笑脸学级"教室去学习。课间休息时珍珠跑过去拉着小女孩去操场玩儿，她们相处得很愉快。

"发育障碍"的孩子看起来和其他孩子没有太大区别，三年级时珍珠班里有一个唐氏儿童 Sara，特征就比较明显了，上课时也是坐在第一排，旁边跟着一个"笑脸学级"的老师，指导她翻书写字。

班里春游时 Sara 也一起去了，珍珠说他们每次集合时都不忘了一起确认 Sara 在不在，合影的照片上，班主任老师蹲在最前排的边上，一只胳膊紧紧地搂着 Sara。老师和同学们都对 Sara 很好，期末班级发表会时，班里分成几组，和 Sara 在一组的小朋友上台前，特意去座位上拉着她的手，同组的每个人发表完 Sara 都在后面大声重复着跟一句，孩子们也不在意，等到她发表时，孩子们都热切地看着她，Sara 说话吐字都不清楚，只有最后那一句"下学期也请大家多多关照"声音格外响亮，孩子们都鼓起了掌，那一幕特别让人感动。

珍珠回来说："妈妈不觉得 Sara 很可爱吗？班上的小朋友都喜欢她。"珍珠还说当 Sara 做错了事，同学们不会着急，而是会耐心地教她，当 Sara 大声喊叫时，大家就待在一旁，静静地等待她平静下来。Sara 就好像被大家包围在中间，孩子们都有一颗善良而温柔的心。

孩子们的相处离不开相互理解和知识层面的学习，日本绘本作家田岛征彦的作品《不可思议的朋友》，曾获第 20 届日本绘本大奖，是一部改编自真实故事的自闭症题材绘本，讲述了一段历经 20 年的非同寻常的友情。书中的"我"和自闭症少年"小安"相识在小学二年级，刚认识小安的时候，"我"对他充满了戒备和不解，可随着交往的深入和自身的改变，他们渐渐成为好朋友，他们一路同行，直到长大成人，经历了许许多多，成为不可思议的朋友。这个绘本是很多小学图书馆必藏的作品，很多场景都能在姐弟俩的小学里看到。除此之外，孩子们还会接触到一些科普类的图书，了解到这些"特殊"孩子的特征和应对方法，也会应用到日常生活的相处中。

四年级以后 Sara 换到别的班，我没再看到她在教室的样子，五六年级孩子秋天在体育馆进行音乐会表演，我看到个子依然矮小的 Sara 站在班级的最前面，吹着横笛，或者摇着铃，她还在享受着集体生活的乐趣。

二年级时那个"发育障碍"的小女孩和六年级的珍珠还在一个班，同学们依旧很照顾她，运动会上六年级有些难度动作，有个项目是"骑马赛"，四个孩子一组，三个人组成一个支撑塔，托起另一个孩子，抢对方组的帽子，一般都选个子低体重轻的孩子站在上面，那个小女孩是珍珠小组的"塔尖"，她依然非常胆小，光站在上面就很害怕，更别提去抢帽子了，几乎是一动不动地被对方抢走了帽子，不过珍珠他们都不在意，比赛完她拉着小女孩的手一起跑步退场，因为要照顾她，还要提醒接下来的比赛。

相比小学时孩子们的单纯和互相包容，初中以后学习难度增加，这些"特殊"孩子就不得不去专门的学校了，而且青春期或者成年后的孩子，对"特殊"的孩子也许会有不同的看法。如果健全人没有平等和怜悯之心，极端的有可能成为恶魔，2017 年夏天日本神奈川县的一个残障人士福利院发生过一起杀人案，凶手是曾经在福利院工作的 26 岁的青年，他觉得照顾这些残障人士很麻烦，认为那些要照顾他们的父母很可怜，甚至觉得自己是为民除害，离职后又侵入福利院，杀害了 19 个人之多，还刺伤了 20 多个人，是日本几十年来最残忍的单一杀人案件。

事后电视台采访了一个家有残障儿子的妈妈，妈妈气愤地说："他凭什么认为我们照顾儿子只有辛苦麻烦，没有快乐呢？"孩子虽然智力不如正常人，但他有自己的表达方式，也有母子之间特有的沟通，甘苦自知，不需要他人去判断。那个妈妈在案件发生后选择更多地带儿子出去，去超市，去公园，不同生命的存在本来就是自然的安排，她希望被更多的人能看到。

这些"特殊"孩子长大后会怎么样呢？日本有很多面包房之类的福利社，教他们一技之长，我上班的地方附近就有一个，每周来学校食堂外摆摊卖面包，各种简单的面包很便宜，有很多人买。中午在校园里经常能看到干活归来的清扫队，好些都是残障人士，这也是大学的支援措施之一，有时候下班路上能看到清扫队里的一个唐氏面容的姑娘，换下工作服，穿着简单的 T 恤和牛仔裤，坐在巴士站的椅子上等车，她戴着耳机听着什么，看到她自己出门行动有自己的小世界，我想家长也能安心很多。

看到那个听歌的姑娘，我仿佛看到了小学里那个叫 Sara 的小朋友的未来，希望她将来也能自食其力，而那些在小学和其他小伙伴共同度过的岁月，应该可以温暖她很久。

18

小学里的"传帮带"

❀

"孩子最喜欢孩子。"相信很多妈妈都有过这种体验，年龄相近的孩子很容易玩儿到一起，有时候孩子之间的劝慰比大人都管用。泉泉小时候在幼儿园适应得很快，几乎从来没哭过，班上有个小女孩不太适应，总是在大门口哭个不停，妈妈在一旁怎么安慰都不行，泉泉走过去对她说："走吧，一起去教室里玩儿！"并伸出了手，小女孩居然止住哭泣，拉着泉泉的手进去了，连续几天，幼儿园门口的小女孩恢复了笑容，后来那个妈妈专门跑到家里来感谢泉泉。

升入小学后情况也是一样的，小学六年是孩子求学生涯里最长的一个阶段，而这期间孩子成长变化很快，差一年身高体形就会差很多，一年级的小朋友身高平均不到一米二，六年级的孩子有的已经一米六七了，不同年龄间差异很大，而孩子又最喜欢和孩子在一起。日本小学有不同年级间互助的传统，这样的"传帮带"让孩子们像家庭里兄弟姐妹相处一样，对孩子的成长特别有帮助。

还记得珍珠开学典礼那一天，一年级的小朋友们拉着父母的手，背着大大的书包，有些期待又有些不安地走进校园。接待处设在教学楼前的小广场，我们在一年级的花名册上找到珍珠的名字，接待老师在她的名字旁打了个对钩，老师身后站的一排六年级小学生中就走出一个小姐姐，拉着珍珠的手进了教学楼，家长则转身去体育馆等待典礼。

开学典礼上，二年级的孩子们在舞台上致欢迎词，并以舞台剧的形式展示了在学校的一天，上课、课间休息、午餐、打扫、放学，在座的大人们对学校生活也有了直观的了解。开始供餐后的两周，六年级的孩子们和一年级结对用餐，带着值日生一起推着餐车去供餐室领食物，领牛奶，分发食物，学校的牛奶由附近农场直接供应，用的是可回收的玻璃瓶，瓶盖是个硬纸片，嵌在瓶口不容易打开，六年级的孩子们帮着打开，并把瓶盖和包装瓶口的塑料纸垃圾分别回收，一年级孩子很快就适应了。

小孩子特别向往大孩子，也喜欢和大孩子一起玩儿。珍珠和当时结对用餐的六年级小姐姐一直关系很好，课间操还跑到六年级教室找她玩儿，到珍珠六年级时，那个小姐姐已经上高二，有时候去超市买东西，能碰到在收银打工的她，两人热情地聊几句，友情还持续着。

其他年级之间的交流也很多，二年级和四年级结对，三年级和五年级结对，一起用餐，一起读书，泉泉三年级时正好和珍珠班结对，老师特意让泉泉坐在姐姐旁边一起吃了午饭，姐弟俩在学校也有交集，是个特殊而美好的体验。

而升入四年级以后，就要有高年级的样子了，每年夏天小学有一个孩子们主办的狂欢节，高年级孩子把教室布置成各个场馆，可以在里面做游戏搞活动，低年级孩子在学校随便跑，楼上楼下地串教室，对他们来说太欢乐了。秋天高年级的孩子利用课余时间去学校旁边的公园里收集各种自然材料，捡来树叶、松塔、橡子，召集低年级孩子一起做手工，用树叶作画，用橡子做小陀螺，松塔涂色做成迷你圣诞树，又环保又好玩儿，孩子们学会后，每年圣诞季我们也在家里自己做。

有一阵泉泉从学校拿回来一本书，天天在家练习朗读，要去给二年级的孩子"讲故事"，那是一本关于自闭症的科普读物，利用各种蔬菜拟人，书中的对话是大阪方言，非常口语化，泉泉念得声情并茂，据说"讲书"效果也非常好。

孩子们到了五六年级，要参与学校的各种运营，校内兴趣小组、广播站、图书室、儿童会，都需要他们出谋划策，运动会的应援团由五六年级孩子担纲，他们自己想口号、排练动作，六年级的团长搭配五年级的副团长，带一年就可以挑大梁了。

6 年的小学生活，让大孩子"带"小孩子一起成长，是个充分实现了年龄接力并且循环体验的过程，低年级小孩子在高年级大孩子的呵护和帮助下长大，长大后很自然地接力继续帮助低年级的孩子，享受被人依赖的感觉，只要小学还存在，这个体验就会一直循环下去。

六年级的珍珠去一年级互助，有几个小孩子记住了她，课间操偷偷跑到三楼教室找她，在学校碰到她就大喊珍珠的名字，弄得珍珠有点不好意思，又觉得小朋友们太可爱了，而这些和她当年刚上小学时的场景无比相似，真是奇妙极了。在这个过程中，不同年龄孩子的混合相处，会提高孩子适应新环境的能力，毕竟被温柔对待过的人才能够温柔地对待别人，这是与学习同等重要的本领，相信孩子们能受益终生。

Part

2

社区

全民参与教育

生

存

力

养

育

法

子曰："三人行，必有我师。"现代人口聚集生活的大小社区里，如果认真寻找和体会，能发现多少老师？

养育孩子的多数日子，我都在这个方圆不到三公里的社区度过，在有着"全民参与教育"风气的日本，每个人都可能是园丁，包括我自己。

01

社区夏日祭，盛夏的庙会

日本的夏天，不能不提到夏日祭。

夏日祭、浴衣装扮和漫天绽放的烟火，是最能代表日本夏天的三种风物，京都"祇园祭"、大阪"天神祭"和东京"神田祭"，还有各个地区代表性的夏日祭都吸引了来自全世界的游客。有孩子之前，我和老中常背着相机到处去看，有孩子之后就不爱去凑这个热闹了，最主要的原因是怕把孩子弄丢了。同事有年带着二年级的儿子去京都看"祇园祭"，又是人、又是车、又是马的，就把儿子弄丢了，不过倒也不要紧，因为看热闹当天，现场有好多警察，只要孩子能说出自己的姓名住址，到处都有大喇叭，马上就能找到。"有困难找警察"，在日本挺管用。

日本人平常很安静，对夏日祭却有格外的热情，就像我们对春节庙会的感情一样，小到一个小城、一个村落，甚至一个街区，都会举办夏日祭。我们社区方圆三公里之内，夏天能祭三回，附近大学校园内一场，购物中心一场，整个地区还有一场，规模不大，但是足够孩子们热闹了。

夏日祭的内容大多一样，操场上搭起一圈棚子，挂着小灯笼，各种吃的玩的摊子，小朋友们通常会吃刨冰、吃棉花糖、吃炒面、吃烤香肠，玩捞鱼、玩捞水气球、玩玩具射击，看操场中央临时搭起的舞台上的表演，打鼓的、学生乐队表演的，最后全场一起随着音乐锣鼓跳"盂兰盆舞"。

附近的大学是个外语学校，很有国际特色，操场上有各国美食的小摊子，活动当天，教学楼里还有各语种的表演，英语的、汉语的话剧在阶梯教室上演，能找到很多年前在大学上课的怀旧感，有一次我带姐弟俩去看汉语话剧《谁杀了罗布特》，没找出杀人凶手之前姐弟俩就坐不住了，我们只好举着大气球提前退场。

孩子们最爱买各种面具和装备，姐弟俩去夏日祭，一不留神身边的小姑娘长出了粉红的翅膀和触角，手拿闪光的魔术棒，旁边的小男孩则变身为戴着面具的武士，挥舞着充气的武器张牙舞爪，尽管这些装备之后几乎没有再出场的机会，孩子们也热爱生活中偶尔的魔幻一面。

不过，看热闹容易，张罗热闹不容易。

每年在小学操场上开的地区夏日祭，是由各个小区业主委员会张罗的，每个小区出的摊不一样，小学也得出摊，都是有组织的义工，小学摊位由家长组织 PTA 文化委员来做，各个公寓或住宅区的业主委员会都叫"自治委员会"，要自治，靠的是自觉和自愿，好在都是轮流，每次也只做一年，摊上了也没什么怨言。

花园村"自治会"每年都是出一个捞鱼摊，在充气游泳池里放些金鱼，用纸糊的小网子捞，有一阵因为采买活的金鱼比较麻烦，就改成各种塑料金鱼，再搭配些五颜六色的弹力球，在网子破洞之前捞上来的就装袋子里让孩子带走，实在一个都捞不上来的最后赠送一个安慰一下，孩子们特别爱玩儿这个，捞回去放在浴缸里也能玩儿好长时间。

珍珠出生那年夏天，我家正好轮上做义工，为了夏日祭的捞鱼游戏，老中牺牲了好几个星期日晚上去开会，讨论采购什么样的彩球，单色的还是带金粉的，金鱼是大的还是小的。夏日祭当天，我俩去帮忙出摊收钱，我和太太们坐在后面把回收的网子打开重新换纸，以便循环使用，老中在摊前给排队交钱的小朋友们发网子，碰到个子不高的幼儿园小朋友，他就蹲下来把网子递到小朋友手里。

之后姐弟俩陆续出生，也爱去夏日祭玩捞鱼游戏，小小的他们自己去排队交钱，守摊的大叔同样蹲下来把网子递到他们手里，想想老中曾经这样对待别人家的孩子，如今我们的孩子也被如此温柔地对待，多少有些欣慰。

这些地域性的活动搞一次并不难，难的是成为一个习惯一直坚持下去，虽不像京都的"祇园祭"会有上千年的历史，至少见证了孩子们的成长，也许等到珍珠、泉泉将来有自己的家庭和儿女，携之归来再度参加，一定能重温儿时这段美好的记忆。

夏日祭最开心的是女孩子，穿上漂亮的浴衣，绾起头发，别朵小花，踩着清凉的木屐，成群结队，顾盼私语，是夏天的一道风景，相比之下，穿着和尚套装的男孩子们就是纯粹的绿叶了。珍珠小时候有件金鱼图案的浴衣，是奶奶给买的，头一次穿我拿不准怎么系腰间的纱巾，打了个差不多的蝴蝶结就出门了，在路上碰到邻居奶奶，说女孩子穿浴衣最漂亮了，看到珍珠的纱巾状态不佳，就自告奋勇地蹲下来重打了一遍，她说打蝴蝶结之前用纱巾头把绕了两圈的纱巾都兜起来，打出的形状才好看，老奶奶果然有经验，跟她打的漂亮饱满的

"蝴蝶结"相比，我之前打的好像应该叫"蜻蜓结"才对。

金鱼浴衣穿了好几年，上小学后珍珠买了一件大女孩穿的浴衣，白底棉布上有蓝色和粉色的樱花，配了紫色的腰带，后面的蝴蝶结是成型的，不用费力再打了。长大的珍珠每年依旧期待夏日祭，不过她已经开始和同学或好朋友相约一起去了，我问她约了谁，她笑了笑说："秘密。"

大眼睛闺女一直是老中的心肝宝贝，珍珠很小的时候老中就开始担心，他说将来要是有哪个毛头小子来找珍珠还要约出去玩儿的话，他就让那臭小子在楼下等着，然后跑到二楼拿水管滋他，非要滋得他"落花流水"才行。珍珠穿着新樱花浴衣，盘着小头，回首嫣然一笑，我觉得应该让老中早点把水管拉到二楼了。

02

社区图书馆，书非借不能读也

🪴

"书非借不能读也。"这句话在日本得到了最大体现。

在图书数字化日益发达的现在，日本每年的纸质出版物数量仍然相当多，口袋书尺寸的文库本图书方便携带和阅读，在早晚高峰的通勤地铁电车内，能看到很多上班族手捧一本书在看。我们头儿特别喜欢读书，他住得远，上班单程要坐一个多小时的电车，说能看很多书，有一阵他去海外常驻，每次都搬过去不少书，把办公室变成了小小的图书馆。

读书却不拥有书却是日本的一个特色。土地资源不足，家庭住宅面积一般都不大，七八十平方米的房子可以做成三居室，具体到房间就更小了，一般的房间都不超过 10 平方米，日常收纳都靠壁橱，家里也没什么家具。去日本朋友家做客，很少看到中国住宅常见的书架或书房，那么大家看的书是从何而来的呢？

秘密就在于遍布学校和社区的大大小小的图书馆。

我认识一个大学教授，家里既没有书架也没有书房，他说想看书就去图书馆借，他在大学的办公室旁边有学科图书室，大学和社区都有图书馆，想看的书大多可以借到，借不到的可以预约，有的新书甚至可以提议图书馆去买，公共资源来之于民，本来就应该最大限度地服务民众。位于大阪市中心的市立图书馆藏书量超过 200 万册，进口图书很多，离地铁站也很近，正好在一个中国同事的通勤路上，他经常去借书，然后在地铁上读，时不时读到中文书可以排遣人在异乡的感觉。

借书这个习惯，大概从日本小朋友的婴幼儿时期就开始培养了。珍珠出生满 3 个月，我们第一次去市里的保健中心做体检，结束后领到的纪念品是一本儿童绘本和一个又大又结实的书袋，袋子上印着图书馆的字样，是预备给孩子将来去图书馆借书用的，尺寸可以装下至少 10 本书或者两棵大白菜。

珍珠上保育园以前，我推着她在社区的公园散步，有时候会参加绿地或凉亭里进行中的小型读书会，小朋友坐在婴儿车里或者野餐布上，即使听不明白，摸一摸书也是很好的体验。这些活动多半是由社区儿童公共活动室或者图书馆组织的。

借书还有经济上的考虑，日本的图书质量很高，纸张和印刷都很用心，价格不低，孩子们最喜欢各类图鉴，想全收集的话就很贵，而这些基本都可以在图书馆借到。是否拥有书籍并不重要，重要的是如何让孩子通过书籍接触到知识。日本绘本的种类很多，从婴儿时期颜色简单的图案和内容，再到各种开本和类型的漫画、海报，不仅有孩子们喜欢反复阅读的书，也有适合亲子共读或活动一起读的书，图画与文字合理结合，好看又易懂。

孩子们从小就习惯了图书馆的存在，每到周末，儿童图书室总是满满当当，每人每次可以最多借到 8 本书，婴儿体检时发的那个书袋就能派上用场了。借书范围也很广，涉及生活的方方面面，孩子们周末一时兴起想做个点心或小零食，去图书馆借一本烘焙书，回来就能上手，有时候我们在家里搞活动，珍珠的好朋友会带着原料和一本图书馆借来的菜谱，他们自己动手现学现用。

日本的图书馆大多采用"一个主馆＋众多分馆"的公共图书馆架构，主馆坐落在市中心，分馆则散落在城市的各个街区。在日本住得久了，就会发现，图书馆到处可见，基本上步行 10 分钟都能找到一座中小型图书馆。据日本图书馆协会统计，2018 年日本的公立图书馆一共有 3296 所，藏书量超过 4 亿册，除此之外，还有房车类的移动图书馆 540 所。

最值得一提的是，即使在人口不多的乡村地区，也有房车一样的移动图书馆来服务，我们社区图书馆建好之前，能定期看到市里那辆粉红色的移动图书馆停在车站附近，有不少孩子去借。

上小学后，除了社区的图书馆，还可以就近利用小学里的图书室，读书是学校生活密不可分的一部分。每周有一节读书课，周一早上还有家长志愿者去学校做导读活动，周末或者寒暑假，孩子们总会带些书回来，都是从学校的图书室借来的。小学的图书室有两大间，一间面向一到三年级的低年级孩子，另一间面向高年级孩子，每天课间操和午间休息都会开放，由高年级学生轮流值日维护，是孩子们最喜欢去的地方。

大阪有个民间机构"读书促进会"，每个新学年都给孩子们发放一本小小的读书册，用来记录读过的书并且写上简短的感受，读书数量超过 50 册或者 100 册的孩子，可以在朝日新闻的报纸上看到自己的名字。要超过 100 册书，平均三四天就能读一本，阅读量确实不小呢。

除了小学的图书室，各个班级都有自己的小文库，是班主任老师从家里带来的。小学的班主任老师负责基本所有的教学科目，把班级作为一个小集体来经营，珍珠六年级的班主任老师和她一样是"哈迷"，教室里放着整套的《哈利·波特》，在学校也能抽空看看霍格沃茨魔法学校的日常，简直太满足了。

孩子们什么时候不用借书呢？据日本的书店联盟统计，每年圣诞节前后图书的销售量最大，书籍是圣诞礼物的首选，终于可以买买买了。

03

社区大扫除，生活中的集体和互助

每年冬夏，社区都要进行大扫除，通常选在星期天。

我们这个小社区叫"Garden Village"，直译过来就是"花园村"。"花园村"这个地名我很熟悉，北京西三环边上有这么一站，我在京西居住过 12 年，来看房时就倍感亲切。

花园村不大，住着 60 多户人家，根据垃圾站的位置分为四个班，大扫除时，各班分别行动，清扫村旁的公园和小学的外围周边，这些公共场所的树木管理及除草工作平时都有市政府的绿化管理部门在做，一年四季都很干净，因此，社区大扫除的任务不重，每家至少出一个人，拔一拔杂草，清理一下路边水渠里的落叶就行。姐弟俩小的时候，我家总是由老中代表，上小学后就基本上全家出动。

早上不到 9 点，村里各家各户便分别派出人马，戴着帽子手套、拿着园艺工具或笤帚簸箕，集结在小区旁边的公园入口。各班每年负责的场所都是一样的，大家轻车熟路，我家在四班，负责给公园和小学间的路段除草，每家一段，男人们顺着路牙子忙活，女人们把垃圾扫出来装袋，邻居家年幼的小哥俩跑来帮忙，可不是把笤帚拿走，就是把簸箕拿走，常常导致工作无法正常进行，邻居妈妈喊着"谁把笤帚拿走了？"追到路边公园的空地上，从骑着笤帚练习飞行的小朋友手里讨回工具，如此往复。

我们班的任务完成后，如果听说别的班有需要，大家二话不说就去帮忙。这种时候最能体现日本人的集体精神，即使不是自己班里的分内事，也没有人抱怨，跑过去就低头干活，大家都能早点完工才是目的。

大学毕业刚工作时我来日本出差，参观过日本客户的缝纫工厂，车间里，缝纫机摆成圆圈状，大家都站着干活，形成一个圆形的流水线，每个人的岗位不固定，干活快的人会自动换到耗时的环节去帮忙，从来没有闲人。我们同事去研修了半年，说每天下了班都累得站不住，但那些50多岁的日本大妈们都站得稳稳的，还总是一路小跑，太吓人了。

在日本，住户比较多的公寓楼有专业的物业管理公司负责社区卫生等工作，像花园村这种住户比较少的社区就得靠自己成立的业主委员会，委员会成立初期全体成员抽签排序，之后轮流当委员，委员会下面分成几个班，大家要轮流当班长。不用交物业管理费用，这个小环境就靠自己去维护。

轮流清扫垃圾站是业主的首要任务，为此，委员会提前一两个月排好值日表，确定每周两次的垃圾站值日生，收垃圾那天，值日生要把成袋的垃圾盖上网子，防止乌鸦来捣乱，垃圾车走后，值日生要把网子收起来，并清扫垃圾站，夏天还要洒点水清除异味。

业主委员会每个月都开会，一般安排在周日晚上，会议后，当月情况将汇集成文字报告，放到传阅板里供各户传阅，有紧急情况时还会有紧急传阅板。业主们每个月交不到300日元的会费，加上每个月社区收走的瓶瓶罐罐等资源垃圾有收入，汇集起来用于社区大扫除或者其他活动。社区大扫除结束后，每家可以领两瓶水、一包免费的垃圾袋，剩余的钱还购置了备用帐篷等应急物资，以应对突然的地震等天灾，业主委员每年交替，同时公开上年度的财务支出报表，是很自然的事情。

社区概念还有一个重要的表现，在于与周边企业、学校等单位的紧密联系。幼儿园和小学每个月的活动计划表都会通过传阅板告知居民，各种活动会邀请有兴趣的居民去帮忙，一些退休老人还做志愿者组织孩子们的课外活动。

在花园村生活了 10 多年，尤其是养育姐弟俩的过程中，愈发地喜欢上这里，邻里之间虽然交往不多，但是经过每年的大小活动，大家差不多都认识。孩子们的朋友遍布村里，低年级高年级的混在一起玩儿，聚集在某一家时，妈妈们端出果汁茶水和小点心招待大家；珍珠上学路上摔了跤，路过的妈妈赶紧从家里拿出消毒水和创可贴帮她处理；我停在门口的车子忘了关车内的灯，对门的邻居看到后，摁门铃来告诉我；邻居家外面的水管漏水了，我路过也会顺手把水管的总闸帮她关上。每个人都有不露痕迹地帮助别人的机会，也会发现别人帮助过你的善意，这种彼此有距离而又不设防的感觉最让人安心。

社区大扫除结束后，家家户户都会顺便各自打扫门前的路段，修剪植物、清扫排水渠，这个时候能看到孩子们忙碌的身影，撑开垃圾袋，收集散落的枝叶。每天穿过干净的社区上学放学，孩子们也在不知不觉中知道维护环境了。

那个拿着笤帚练习飞行的孩子，有一天会长大，不用骑笤帚也能飞得更高，会怀念和时常回到我们的花园村吧。

04

幼儿园的文化节

🌱

如果有机会回到童年，很多人都愿意再体验那段无忧无虑的时光吧。

每年11月3日是日本法定的文化日，也是公休日，从小学到大学的所有教育机构都会举办不同规模的"文化祭"。作为教育的起点，小朋友们的幼儿园也有一年一度的文化节，欢迎所有的孩子和大人回到童年。

幼儿园开在社区里，是社区的一部分，原则上是随时都可以回去的。日本很讲究"地域贡献"，社区里老年人比较多，有些人很在意噪声，幼儿园每个月都提前把当月的活动计划表交给社区传阅，避免活动影响到居民生活。幼儿园每个月有两个周末对社区免费开放，欢迎孩子们去玩儿，不到年龄的小朋友可以提前感受到幼儿园是什么样子的，这样将来适应起来更快一些，幼儿园毕业的孩子们也可以随时回去，不过还是比不上文化节活动那天最尽兴。

姐弟俩虽然从幼儿园毕业好几年了，照样可以回去参加活动，年岁不虚增，他们现在是幼儿园的小 OG 和 OB，OG 是 Old Girls 的简称，OB 是 Old Boys 的简称，指的是有共同学校或学习背景或共同部门工作经验的人，公司退休人员也可以这样称呼，不分年龄。

幼儿园毕业的第一年，文化节前夕，姐弟俩都分别收到过幼儿园寄来的邀请函，是一张明信片，上面写着问候语和欢迎词，同时希望有闲置的幼儿园制服、背包等用品可以捐出来义卖，日本有旧物利用的节俭美德，普通家庭有两三个孩子的很多，哥哥姐姐的衣物弟弟妹妹接着用，非常普遍，幼儿园用品也不便宜，这些二手用品尤其受新入园妈妈们青睐，每年义卖都被一抢而空。

我把孩子们用过的背包、手提包和深蓝制服找了出来，背包和手提包的边角部分有点破，不特别在意外表的话也不影响使用，制服本身面料和做工都很好，虽然穿了3年，每次都只是上下学穿，到幼儿园他们就会换运动服加罩衫，所以一点都不显旧，长袖和短袖白衬衫也很干净，我特意漂白了一下，分别熨烫装袋后拿到幼儿园，不知道后来被谁买走了。

文化节的内容有点类似于小型庙会，每年活动当天，幼儿园所有的教室都铺上塑料布变成活动室，操场上摆着孩子们的餐桌和小椅子，一圈全是小吃摊和游戏摊，可以就餐，可以做手工，也有抽奖。文化活动当然不能少，有大班孩子们的表演，有时候还请来魔术师、附近中学的管乐队或者大学啦啦队助兴。家长把家里闲置的餐具或者手工做的头花发卡餐垫等拿去义卖，所有收益都用来给孩子们买书或者组织活动。

3年的幼儿园生活留下味道的印记，最受孩子们欢迎的是幼儿园食堂的牛肉咖喱饭，也是文化节的"招牌饭"，珍珠每次回幼儿园，都不吃早饭，留着肚子去吃咖喱饭，甚至有时候能吃两份。

孩子们重返幼儿园感觉新鲜又亲切，操场上的滑梯迷宫和攀岩曾经是他们最喜欢的地方，毕业几年后，一切都看着那么小。这里是孩子们重逢的地方，泉泉去抽奖时，碰到了几个大班时的小朋友，他在国际班，孩子来源众多，有的孩子住得还挺远，毕业后小朋友们去了不同的小学，有的同校但不同班，见面的机会也少，在幼儿园久别重逢，他们一起跑到礼堂，坐在最前排看外教老师的英语表演，大班时的 Charles 老师出来时看到他们非常开心，使劲冲他们挥手。

这里还有孩子们的回忆，珍珠在礼堂看表演时，总会想起大班时他们在舞台上的时装表演，他们穿着黑色的大垃圾袋做成的各种衣服和披风，脸上画着猫咪的图案，那是一段多么开心美好的时光啊。

姐弟俩上幼儿园时，班上有热心的妈妈做义工，这时候她还会回去帮忙，这也是幼儿园传统的"传帮带"，只有这样幼儿园的文化节才能一年一年地保留下来。

文化节里珍珠和好朋友坐在操场上的小饭桌旁，吃着最怀念的咖喱饭，聊着从前在幼儿园的趣事，他们熟知文化节的流程，女孩子们不知道什么时候具备了过日子的细致，知道要去义卖摊买东西得等到最后半价或清仓时才划算，有一次快结束时我去买东西，发现不远处珍珠认真挑选的身影，她买了两个头花、一本相册还有一个小包，看到我高兴地说："好便宜啊，你看这个相册才 25 日元！"

同样喜爱幼儿园的孩子们一年年长大，再回去，他们已经不满足只当"游客"了，姐弟俩和小朋友在幼儿园待到文化节结束，会主动留下来帮助园长和老师们收拾会场，搬桌子抬椅子，忙完以后，总是笑眯眯的园长特别欣慰地与孩子们握手，互相鞠躬致谢。相比在幼儿园时每天向园长鞠躬问候，此时的鞠躬更多了些大人平等的感觉。

一年一度的回归童年，会持续到什么时候呢？

05

社区里的"老字号"

周末在附近的美发店预约弄头发，附近商场里二楼有两家，左边是男士专用，右边是女士专用，想着泉泉头发有点长了，我就顺便也给他预约了，因为周末人多没约到同一时间，泉泉比我晚半小时。泉泉小时候特别怕理发，一直到幼儿园中班都是我趁着他睡觉剪头发，偶尔有一次老中理发带他一起去，在旁边看了一趟"洗剪吹"，突然就不怕了，那以后就一直在这家理发。

等到周末，我先去美发店，泉泉骑车去公园踢球，说待会儿自己去。满脑袋都是发卷的我举着杂志正看得聚精会神，泉泉突然出现在我面前，头发已经剪好了，手里拿着店里给的小零食，身后站着旁边店里的理发师，她笑容满面地说："我照老样子剪的，您看看？"我抬手摸了摸泉泉的脑袋，跟理发师说："挺好的，谢谢啦！"她点点头走了，回头我去结算就好。

给我做头发的美发师在一旁笑了："泉君已经是理发店的老主顾啦。"

"是啊，跟去酒吧时对老板说老规矩一样哈。"我也笑了。

如果进酒馆什么都不说，掌柜的就能给你上盘牛肉打二两酒，那感觉一定很爽。

只要不纠结是否留长发，我这个美发师也基本上不用交代，她很少向我推荐什么新产品，每次去美发店都是件很放松的事情。那天弄着头发，她突然感慨起来："时间过得真快呀。"这两家美发店都在村里开了十几年，她刚来这个店时，我才生完珍珠不久，自己带孩子，每次来都像打仗一样地催她"要快！要快！"有时候连洗和吹都不弄就跑了。没几年，开始带着珍珠一起剪头发，美发店给幼儿园小朋友优惠价，在店里也格外照顾，孩子们个头矮，椅子上需要放一个大坐垫，剪头时的围裙图案又可爱，剪好了最后再用卷发器给卷一卷，珍珠戴着蕾丝发卡披着卷卷头像个芭比娃娃。

小学六年级时珍珠个头已经快 1.60 米了，她像大人一样来美发店，坐在沙发上看着杂志喝着茶等候，美发店有免费饮料，她剪完头总是点一杯店里的"梅干海带茶"，此时的珍珠俨然是老主顾的模样。虽然时光不能否定，我和美发师还是笑着彼此肯定了一下，10 年以来的我们一直很年轻，很年轻。

美发师说她从小就特别爱弄头发，冬天再冷也能早早起来，坐在妈妈的三面镜前折腾，后来高中就上了职业学校，她是这个美发店的店长，说迟早要开一家自己的店，她住得有点远，每天来上班得开 40 分钟车，也因为这个爱好，她才能坚持这么长时间。

有两天泉泉感冒发烧，带他去社区的小医院看病，算起来一年多都没来过了，也说明泉泉身体结实了很多。医院的老爷爷医生还记得泉泉，笑着和他说话、听诊开药，姐弟俩小时候没少来这个医院，打疫苗、发烧流感，幼儿园时一天两个人前后脚来报到的情况也有，我抱着婴儿泉泉进诊室时，医生总是先说一句"辛苦了"，看完后安慰我说："再坚持两年，孩子们免疫力强了，你就不用光顾我这儿了，加油！"他说得很对。

看完病，照例去医院旁边的面包房买面包，满头白发的店主老爷爷最近不常见，在店里忙活的是他女儿。这间小小的家庭面包房一楼开店，二楼三楼自家住，和旁边的小医院一样，也开了十几年。面包房最好吃的是手工咖喱面包、蜜瓜包、苹果派，烤得酥酥的面包耳朵是做三明治时切下来不要的面包边，周末带姐弟俩去买面包，固定活动是店主和孩子猜拳，不管输赢都会送孩子一包面包耳朵，没走回家就"嘎嘣嘎嘣"吃完了。

泉泉刚上一年级时，经常一起玩儿的孩子就住在面包房附近，有天骑车回来，变宝似的从车筐里拿出三袋面包，说是面包店主给的。无缘无故的，我赶紧给面包房打电话，店主女儿接的电话，说面包是给店里送货的物流留的赠品，她认识和泉泉一起玩儿的那个孩子，正好他们在面包房外面玩儿，就一人分了几袋。之后她也记住了泉泉，那天看到戴着口罩的泉泉，又没上学，就指了指旁边："感冒了？快点好起来啊！"泉泉买了喜欢的蜜瓜包，点了点头。

算起来，这个大社区开发不过十几年，而这些医院、面包房、美发店给我感觉都像是村里的"老字号"。"老字号"这个称呼并不因为它存在的时间有多久，而在于主客彼此间的信任感和安心感，这几个"老字号"已经陪伴姐弟俩从婴儿时期到现在，在他们长大成人离开村子前还会继续，也会一直存在他们的记忆里。

日本的"老字号"特别多，也许与整个社会环境有关，很简单的工作也能让人乐在其中并一直坚持下去，好多手艺人的小店一代传一代，才会有这么多"职人"，一些卖米的、卖酒的，甚至卖豆腐的小店能持续好几代。村里还有另外一家主打轻乳酪蛋糕的甜品店，深受欢迎，同时也创造了不少就业机会，珍珠好朋友的妈妈就一直在那儿工作，离家近，还有可以支持家庭的收入，很理想。

城市规划和资源配置直接影响到生活质量，普通人的基本生活半径大概 5 公里就足够，近和方便是首选，如果这个范围内超市、医院、学校和工作场所都能覆盖，简直太幸福了。当然还需要市政的力量和福利制度，公立小学和初中在社区都有，孩子们中学毕业前的医疗费包括拿药每次都只用 500 日元，不过 30 元人民币，入学通知和医疗证是一人一张寄到家里的，有踏实服务市民的制度和态度的话，一样可以做到精细管理。

"安居乐业"这个词，最早出自《汉书·货殖传》："各安其居而乐其业，甘其食而美其服。"只有安了居乐着业，才能踏踏实实地生活，而这些"老字号"的背后都是一个个具体的职业，孩子们在这里进进出出就能知道，能长久地做着自己喜欢的事情，何尝不是一种幸福呢？

06

社区处处有"师父"

从姐弟俩开始上小学的第一天起，我就注意到每天上下学时间段都会出现在路口的那个老爷爷。我家正好在两个大社区相邻的位置，是孩子们走路上学的必经之路，也是很多家庭开车出门的路口，老爷爷衣服上罩着黄色安全背心，每天拿着小旗子，一边注意着过往车辆，一边和三三两两背着书包走过来的孩子们打着招呼，风雨无阻。等我上班出门时，孩子们大概都到学校了，老爷爷在路口比画着练习打高尔夫球，确认没有孩子在路上了，才把小旗子卷起来背着手慢慢走路回家。看着他的背影我时常想，他一定是个热心照顾孩子们的老人。

小学每个月都有几次课外活动，时间在放学早的周三下午和没有课的周六上午，内容很丰富，有体育活动踢足球，打乒乓球，打网球，打棒球；有文化活动吹竖笛，学插花，做手工，学编程；也有美食体验活动烤蛋糕，做沙拉，蒸包子。除了某些手工和美食项目要交点材料费，这些活动基本都免费，只是申请时有一个条件：家长跟着一起来，做几小时的志愿者。

这些课外活动很有人气，报名的人多时还要抽签，有几次姐弟俩幸运地抽到，我也跟着去学校做了半天志愿者。志愿者活动内容不少，先到学校帮着做签到工作，给孩子们找名牌，在签到卡上盖章；活动开始后，在体育馆跟着捡球或者做其他辅助工作，两个多小时下来，还真有点累。珍珠参加了网球活动，她之前没打过，刚开始连球都接不着，两个小时下来，已经能和其他孩子你来我往地比赛了，而且一回家就吵着要去外面的网球班学打网球。泉泉的围棋活动我没看到，听他回来讲如何"布阵"，看起来收获也不小。

头一次参加小学的课外活动就有重大发现：课外活动的老师都被称作"师父"，网球"师父"是珍珠班里同学的爸爸，围棋"师父"是泉泉班里同学的爷爷，羽毛球"师父"是幼儿园同学的爸爸！都是和孩子们有关系的人。最让人惊讶的是，活动开始前全体人员在体育馆集合，在前面发号施令的那个"总教头"不就是每天在路口站岗的老爷爷吗？

看似普通的生活，看似普通的学校，原来处处有"师父"啊！那一刻，突然感觉我们社区就像周星驰的电影《功夫》里面的那个藏龙卧虎的筒子楼，越是高手，越不显山露水，待到江湖腥风血雨时，就有无数的"师父"飞身而出。

我小时候，胡同里的小伙伴们成群结队地玩儿，尤其是暑假，整天在外面玩儿得不知道回家，玩儿累了就跑到某个小伙伴的家里蹭饭吃，都是吃"百家饭"长大的。在日本这些年，随着姐弟俩从小到大，我发现孩子也是社区的大家养的，只是这个"养"是教育教养。

日本的社区基本都配备独立的公民馆或者社区活动中心，即使是商用的公寓楼，也有教育部门管理的公共儿童活动室。这种活动室每周定期开放，里面有各种玩具，孩子们上保育园以前，我和邻居妈妈常常结伴带孩子到活动室，孩子们玩儿小滑梯之类的玩具，围坐在一旁的妈妈们三三两两地凑在一起聊天。活动时间结束后，妈妈们把玩具收回库房，下一个小时，儿童活动室就变成小学生的书法练习室或珠算教室，物尽其用。日本的妈妈们几乎都是自己带孩子，平常困在家里，偶尔在这样的空间里与其他妈妈沟通一下，能排解很多育儿压力，加上都是免费的，也能减轻经济负担。

上幼儿园后，幼儿园尽量让家长参与进来，妈妈和孩子带着便当在附近的公园里进行亲子活动，父亲节和爸爸们一起在幼儿园做个木匠活儿，秋天的幼儿园文化节更是少不了家长们的支持，每个家长都得去做一次义工，通过这些活动不仅能见证孩子们的成长，也能看到同龄小朋友的成长，有横向比较更有意义。

升到小学，每个家庭都得加入学校的 PTA 组织，"PTA"这个词来自美国的"Parents Teacher Association"，是家长和老师之间互相合作辅助学校工作的组织，说直白些，就是让家长做义工或志愿者，一起陪伴孩子们顺利进行充实的校园生活。这个组织有点半强迫的意思，每个孩子在小学期间，都需要家长做一年 PTA，珍珠二年级时，我也做了一年的学级委员，除了每个月与其他班级的委员们一起开会，参与了不少活动，包括班级亲子活动、校内大扫除、夏日祭、运动会、冬季越野跑，虽然很辛苦，每个月都要开一次会，要牺牲自己宝贵的带薪休假，不过能看到孩子们在学校的身影，还认识了不少同年级的妈妈，很有收获。

免费课外活动是 PTA 活动的一个重要部分，是充分利用地域人才资源的另一个体现，课外活动的"师父"们基本都是住在社区的居民，主妇、上班族、退休老人都有，时间合适就会主动请缨，尤其是退休老人，不跳广场舞是有原因的。

诗人纪伯伦写过一首非常著名的诗《我们的孩子，都不是我们的孩子》，孩子作为将来社会的一员，从某种意义上来说不单单只属于家庭，他们是这个社区的孩子，也是全社会的孩子，是未来，是希望。

小学早晨上课前，还有定期的书籍导读活动，是由热心家长组织的，认识的一个妈妈就参与其中，她自己在大学教德语，不用坐班，经常在小学给孩子们念完书才去上课。我问她难得有自由的时间怎么还去学校做义工，她只是淡淡地说，有余力就多做一些吧，因为自己的孩子也有可能听到。

而这些教孩子们各种本事的"师父"也确实有自己的本事，很多日本人从小热爱体育，我身边的同事里就有深藏不露的，有大学手球队的队长，有网球好手，我们实验室里那个瘦瘦的生物博士是个体操高手，业余时间在体操教室当教练，也许他们的共同点就是上学时曾参加过这样那样的课外活动，遇到过这样那样的"师父"。

看到社区里这么多关心孩子、热心教育的"师父"们，我大受感染，曾经去学校给孩子们上过汉语课。等我退休有时间了，打算再去学校做志愿者，我可以教孩子们汉语，可以给他们读英语书，还可以教他们做饭，不管是当"大师父"还是"大师傅"，有用就行。

07

大阪大婶的金钱观

🌱

　　大阪大婶，也叫"大阪欧巴桑"，在日本是个半固定名词，特征有几个：说话声音大，爱开玩笑，自来熟，爱穿有大型猫科动物比如狮子老虎豹子等图案的衣服，还有最重要的一点，就是过日子仔细。日本买东西不兴砍价，超市百货店都明码标价，但是大阪欧巴桑在百货店也敢上来砍价，搞不好能把 8%~10% 的消费税都砍下去。这和大阪悠久的商业历史有关系，生意人当然要精打细算，而且仔细也有好处，有几年，针对老人的电话诈骗特别流行，骗子在电话里不报姓名，上来就是"我呀，我呀"，然后编造出车祸或者什么急用骗钱，据统计，这种诈骗在大阪的成功率特别低，原因就在精明的大阪欧巴桑，她们在关键时刻表现得非常冷静。

　　去邮局寄东西，胖胖的大婶业务员问我东西急不急，不急的话可以寄空运，比 EMS 便宜 500 日元，"500 日元呢，可以吃顿午饭了"，她笑意盈盈地跟我建议，像为自己省了钱一样高兴。

　　泉泉的钢琴班参加"发表会"，妈妈们商量着服装准备的事情。"网上找又费时间又花钱，我来给大家做！"一个妈妈不容推辞地说，"我有服装师的资格证。"过了几天，那个妈妈拎来了几个袋子，里面是用灰蓝色毛毡做好的衣服，材料都是从百元店买的，最后一个人摊了 500 日元。

又是 500 日元，500 日元是个什么概念呢？

500 日元，相当于人民币 30 多块钱，能买到什么？ 20 个鸡蛋，200 克澳洲进口牛肉，两升牛奶，也是一顿便宜的午餐。 日本什么东西都贵，尤其是各种食材，国产的比进口的更是贵出好多，伙食费是家庭财政支出的大头，节俭的主妇要持家，最容易上手的管理项目就是货比三家去采购。 我家附近有一个业务超市，面向开饭馆的客户，里面的东西比其他大超市都便宜，就是量特别大，适合买回来分量再装袋冷冻慢慢吃。 量大也不好，有时候放进冰箱就忘了，菜也是，放几天就不新鲜了，最后还是难逃被扔掉的命运，要物尽其值，得提前写菜谱和做饭计划，是件很费心思的事情。

而下馆子也不便宜，工薪阶层如果中午去外面吃，最低水准 500 日元还不见得能吃多好，所以才会选择带便当。 说起世界各国的主妇，有人说做便当简直是对日本主妇特别的虐待，要考虑营养，还要注意外观，确实是件很辛苦的事情。 不过相比节省支出，可能也是不得不做的选择，办公室有个同事每天都带两个便当来上班，午饭一个，晚饭一个，他有三个女儿要养，要上私塾，要去兴趣班，暑假还要短期留学，负担很重。

我家的油烟机用的是某家保洁公司的可替换滤网，每个月到了指定日期都有个叫舞香的大婶上门服务，基本上都在晚饭以后，她换完滤网顺手把油烟机和灶台擦一擦，好几年了，我和大婶相处得很愉快。

舞香大婶住在附近的公寓，经年穿着帽衫、长裙子和洞洞鞋，夏天穿人字拖，不化妆，家有两个女儿，一个高中一个初中，每天早起做好便当让老公带着去上班，她出门打零工，除了这个保洁公司的工作，她还去超市后厨或附近的花店打工，也在小学托管班做过义工。

忙活的当儿，我常站在厨房门口和她聊天。舞香大婶很会做饭，尤其是各种盖饭，她在超市后厨里做各种便当，炒面、猪排盖饭、蛋包饭等很多菜品都出自她手，很好吃。我跟她学了不少厨艺，牛肉饼用平底锅煎容易煳，她提议我用烤箱烤，跟她学的快手鸡肉鸡蛋亲子盖饭是我家最忙碌的周二晚饭固定菜单，高压锅炖小鱼时加点撕碎的梅干去腥又提味，我也经常做。

从来没听到她抱怨什么，碰上什么就干什么，她说超市待遇还不错，一小时 900 日元，比其他超市还要好一些，后厨人手少时，她还拉着高中的大女儿去打工。大女儿在学校是篮球队长，很多时间都在练球，小女儿进入青春期，每天能吃能睡，去补习班上自习也在睡觉，还谈了一次又一次的恋爱，她也没有恨铁不成钢的感慨，只是说，总有她能去的高中吧，以后的事，以后再说。

珍珠刚上小学的时候，舞香大婶的小女儿在六年级，有时候她带着小女儿一起来，女儿自来卷长发，4 月天气刚暖和一点就开始穿凉鞋，珍珠特别羡慕。每次来，女儿不进房间，只是和珍珠坐在玄关台阶上一起聊天，聊她们都认识的芭蕾舞班的朋友，两人用手机玩儿自拍，有时候小姐姐还带来她的旧衣服，珍珠有喜欢的就留下来穿。

我筹备家里的英语班时，印了很多小广告准备发放，奈何自己还得上班没太多时间，舞香大婶来时跟她聊了这事，问她能不能在她家公寓帮忙塞点小广告，她爽快地同意了，而且打电话问了一个专业投放免费刊物的朋友，大概计算出公寓的住户数，抱了一大包小广告回去了。

过了没几天，她给我发邮件说小广告都发完了，我说按市场价格给她结算，查了下一般发一张是 5 日元，给她准备了 5000 日元，毕竟占用了她的时间，她迅速地回邮件给我，没有标点符号，说都发了哪几个公寓、有几个公寓不让发，剩下的塞到周边的独栋住宅区，最后来了一句"不～要～钱"，我赶紧回邮件说不行，她又迅速回了，说那你买一个我们公司的百洁布吧，挺好用的。

之后她照常来我家，给我带了一包百洁布，有 3 块，500 日元，我给她另包了 5000 日元，她很坚决地拒绝了，只是拿走了我从巴厘岛带回来的水果香皂小礼物，说："这就足够了，你做那些准备也不容易，加油！"

看她出门的身影，不像大婶，像大侠。

隔天下班后珍珠想买文具，常去的百元店没有，只得驱车去附近的大商场，买完东西本来照例是要在外面吃完晚饭再回家，此时我开始心疼钱包了。"孩子们，在这儿吃太贵了，咱们三个吃一顿就抵上今天买东西的钱了呢，回家吃好不好？"姐弟俩想了一下，很痛快地答应了。

不知不觉的，我也慢慢变成大阪大婶了，挺好。

08

保洁大婶的"美育课"

早春二月的办公楼洗手间，没进去就闻到一股水仙的甜香味，与空气清新剂的香截然不同，让人发自内心地感到愉悦。洗手的当儿，我发现洗手台上不知什么时候多了一个饮料瓶剪的小水杯，里面插了两枝白色多头水仙，清清爽爽，忍不住凑上去使劲闻了闻，整个人似乎也从冬天的沉睡中惊醒了。

"洗手间的花是你从家带来的？"我问秘书。

办公室的女同事里，就我们俩家里有院子，秘书笑着摇头："我家院子你还不知道？夏天一片杂草，冬天一片枯草，哪儿来的花？你家不是有水仙吗？我还以为是你带来的呢。"

我家院子的篱笆旁是有成行的水仙，但是冬天我怕冷，回到家就不出门，院子更是好久没看了。这洗手间的花，只能是保洁大婶的作品了。

隔了几天，我出门早，在电梯里才头一次碰到推着小车进来的保洁大婶。她穿着工作人员的制服，小卷烫发染成棕红色，涂着口红，小推车上放着手纸、大桶洗手液、水桶刷子等物件，推车边上挂着垃圾袋，最上面那层有个小筐子，放着胶皮手套和几枝水仙。电梯间只有我们两个人，水仙花静静地散发着甜甜的香味，我忍不住说："水仙都开了啊，好香！"

大婶微微一笑："是啊，天这么冷，就它开得好。"

天气确实很冷，水仙也确实很美。看到洗手间的水仙后，我回家特意到院子里看了一圈，花盆里的三色堇从冬天开到春天，一个个小黄花格外鲜艳；篱笆下的水仙露出了一丛丛的绿叶子，有一株每年都提前开的特立独行的水仙，在冷风中坚定地绽放；郁金香冒出了头；门口小豆樱的枝条上，粉色的小点点都是花苞，再过半个月也要开了。不是大婶放在洗手间的花，我还意识不到季节的变换。

那以后，洗手间的花隔几天就有变化，黄色的雏菊、小枝梅花、带着花苞的山茶，摆在镜前，颇有"小窗瓶水浸春风"的意境。有天我在茶水间洗杯子，碰到往外走的大婶，由衷地跟她说："谢谢您的花，真好看。"她摆摆手说："都是家里院子里的，开着也是开着，插起来更好看。"然后慢慢地走了。

我把洗手间里的发现告诉了珍珠，并且每次都拍照片给她看，珍珠说，她每周去上课的那个商场里的洗手间也有类似的插花，她碰到过那里的保洁大婶，是个瘦瘦的戴眼镜的阿姨。

那个季节我们开车去温泉，在高速路休息站的洗手间里，也看到了同样的季节，火红的南天竹插在一个大陶瓶里，洗手时我忍不住凑过去看一看，同时在心里感叹，这些保洁大婶都是不露声色的艺术家啊。

办公楼洗手间里的小水瓶里不单单插花，早春时大婶顺手在草地上揪一枝小小的问荆放在水瓶前，初夏时在大朵的向日葵旁放一颗小小的青苹果，最惊喜的是她还插过一杆挂着几个青青的小柿子的树枝，每一种都是满满的季节感，想来每天早晨她来工作前，在院子里或路边低头寻找插花材料的过程，一定很享受。

日本是艺术大国，大大小小的美术展全年都有，孩子们也有机会看到世界级的作品，谁又能想到，这样自然的美育，会发生在最日常的洗手间？

万物都美，尤其是这些代表四季的花儿，普通人的生活中离不开花，超市或菜店都有一个小角落摆放着花，最多见的是放在佛堂前的菊花类，亲人的佛堂前一刻也不能少了它。玫瑰、郁金香、百合、雏菊、桔梗这些花儿全年都有，应季的惊喜就更多了，春天的梅花、桃花、樱花、芍药，初夏的向日葵，秋天有大丽花、姑念儿，冬天的各种梅花，我还买到过青青的麦苗和白白的大骨朵棉花。

而洗手间呢？2010年日本流行过一首关于洗手间的歌《洗手间的神明》，讲述了歌手本人植村花菜和祖母之间的回忆，祖母说："洗手间里住着一位特别漂亮的女神，只要每天把洗手间打扫干净，长大后就会长成像女神一样漂亮的女人。"这首歌长达9分52秒，既讲述了祖孙相伴多年的生活，也有老一辈人对于洗手间的另一种情结，干净整洁的洗手间和活力盎然的生命就这样完美地结合在了一起。

大把的花束只用于特殊时刻，孩子们有表演活动时大家凑份子一起送老师，公司部门里送给退休的老同事。日常生活中小小的花儿就足够，一把两三枝，有的也就一盒鸡蛋、一斤面包的钱，很便宜。日本气候温和，冬天也有不少花儿在开放，三色堇、羽衣甘蓝、山茶花、茶梅，还有结着红色果实的南天竹，都能给黯淡的冬天增添一抹色彩。每年过春节我都会买些紫边白花的洋桔梗、淡红的百合水仙和黄色的文心兰，分别插在白色的搪瓷花瓶里，喜冷的百合水仙放在玄关，可以持续到春节结束。

年少时追逐热烈和极端，喜欢看花但不喜莳弄，只需换水的鲜花最适合我。收到男朋友送的99朵玫瑰固然欣喜若狂，平常我更喜欢自己去花卉市场买花，那时住在北京的西三环边上，常去航天桥花卉市场，买大把的玫瑰或康乃馨插在大大的花瓶里，最开心的是夏天买到花骨朵紧紧的荷花，看它在清晨的阳光中绽放。不买鲜花就买大颗的仙人球、金虎、仙人指等各种危险植物，拎着坐公共汽车，有时各种长长短短的刺穿出塑料袋，周围的人都离我远远的，有种别样的安全感。

不知是不是受了保洁大婶插花的影响，珍珠和我一样，也喜欢上了简单的小花，随着自家院子里种的花儿种类越来越多，她时常拿着剪刀去院子里剪花，水仙、月季、鸢尾、绣球、栀子花，放在洗干净的牛奶瓶或布丁瓶里，小小的，摆在玄关和餐桌上，一年四季都能自己插花自己看，非常经济。

不管是热烈的大花束还是简单的小花，都需要一个干净整洁的环境，如果桌面乱蓬蓬堆满杂物，插什么花儿也显不出美，花儿静谧的美需要空间来衬托。日本的家居一般都不大，就要在室内色调和壁柜收纳等方面下功夫，素色暗花的壁纸、原木色的地板、木头家具，加上基本不摆放东西，才能显得空间更大些。温泉旅馆里常见粗陶的"一轮插"花瓶，是用来插单枝花的，多半在玄关或者榻榻米房间的小桌上，还有的嵌在房间的柱子上，插一枝绿叶山茶，这些许的空旷和寂寞，就是日本文化中推崇的"侘寂感"。

姐弟俩常在公园玩儿，有时候会带回来一把蒲公英、金盏花，有时候只是从院子里折一枝迷迭香，简单的花儿和绿色在原木餐桌的木纹衬托下生机盎然。"有花堪折直须折，莫待无花空折枝。"我们的老祖宗早就明白这个理儿，想来保洁大婶是这个理论的忠实实践者，而孩子们也知道了。

曾获得 2013 年日本电影学院奖的动画片《狼的孩子雪和雨》，是日本动画导演细田守的作品。主人公是个与狼人结婚生子的女孩"花"，电影讲述了狼人爸爸意外去世后，"花"妈妈在山间独自养育着女儿小雪和儿子小雨的故事。两个孩子在人和狼的样子变换中长大，要自由，也要各自抉择未来要以哪种方式生存下去，当妈的心里不知道有多难熬。她总是浅笑着，把破旧的老房子一点点修缮好，家里擦拭得干净整洁，在柜子上放一排小玻璃瓶，插着小小的野花，花儿在阳光中摇曳着，更像是普通人家在日常琐碎甚至困苦环境里的一点光和一点亮，喜欢这样的细节。

姐弟俩很喜欢一首歌，是日本超人气男子天团 SMAP 的《世界上唯一的花》，里面唱道："我们都是世界上独一无二的花儿，无法成为 No.1 也好，原本就是特别的 Only One。"这首歌在日本久盛不衰，单曲唱片销量超过 300 万张，还被翻译成很多种语言在世界传唱，就是因为歌词触动了平凡如小花甚至野花的普通人的心。

大婶、你、我，我们都是这世界上那枝独一无二的花儿，尽情地美丽开放。

09

美术老师的发现

🪴

　　说起儿童教育的参与者，我们首先会想到家长和学校老师，除此之外，还有各种课外兴趣班的老师。日本也不例外，兴趣班的选择一般从培养孩子体力和素养考虑，此外最大的考虑就是让他们在学校或学习之外有多个自己的小环境。

　　日本的大家庭交往没有中国密切，老人们很少参与孙辈的养育，孩子平时接触到其他家庭的机会不多，因此教育环境比较单一。现在的孩子生活在物质极为丰富的时代，看似衣食无忧，发达的互联网带来更大的世界，也带来看不到的诱惑和压力，而随着年龄增长、开始集体生活，尤其是从孩童向少年转变时期，同龄人之间互相影响，外出时面对不同年龄层的应对意识，心理变化很大，饶是细心的家长也有可能忽视。

　　兴趣班与学校不同，有多个选择的话可以给孩子提供更多的空间，这个环境里的不开心在另一个环境有化解的可能。小学每年升级换班都会换老师，如果兴趣班是个人经营的比较稳定的小环境，老师一直不变，就可以从另一个角度客观观察孩子的成长和变化，既可以雪中送炭，也可以锦上添花。

老话说"远亲不如近邻"，从儿童教育角度上来说也有道理，如果在同一环境里的时间足够长，那么近邻看到孩子长大的机会比远亲更多，而"旁观者清"，如果这个近邻还能从不同角度起到客观的支持作用，那就更是幸运了，桑原老师就是这样一个儿童教育的参与者。

绘画班开在桑原老师家，招牌隐藏在门前的灌木丛里，很不显眼。珍珠从小就喜欢画画，幼儿园大班时的画被老师送去参选全国幼儿美术展，居然拿了奖，我开始寻找附近合适的绘画班，有天在小区里散步无意中看到桑原老师的招牌，没有联络方式，我就写了个小纸条塞到老师家的邮筒里，隔天接到老师的电话，从此开启了珍珠最喜欢的绘画班生活。

说起来，绘画班是很多孩子都会选择的兴趣班，不见得学下来和老师能有多深的感情，而且持续的时间也不会特别长，桑原老师的绘画班则不一样，孩子们基本上进去后就不想离开，很多都是幼儿园时期开始，一直待到初中。

每年新学期都要调整姐弟俩的兴趣班，尤其是进入小学高年级，需要适当抓一抓学习，姐弟俩只有一个条件："绘画班不能退。"有次绘画班搞活动，我和其他妈妈聊天听到了同样的意见，因为孩子们都说，绘画班太开心了！除了画画，他们可以做各种各样的手工和美食。每个月只去两次，一次有主题，一次完全自由创作，姐弟俩最喜欢自由创作，珍珠最为得意的是一个迷你小酒馆，吧台里细致地贴了马赛克瓷砖，小桌子小椅子摆放整齐，桌子上摆着用截断的吸管做的小酒杯，在里面摆上乐高的玩具小人儿，可以玩儿酒馆游戏。泉泉每次上课都和男孩子们变身三个火枪手，用旧纸箱做剑、废包装纸做披风、细木棍缠皮筋做枪，打得不亦乐乎。

桑原老师虽然毕业于美术大学，却不讲究画画技法，只是用各种材料和方法激发孩子们的创造力，他们的画笔可以表达一切东西，甚至是自己的感觉或者味觉。最特别的是，绘画和创作的过程可以观察到孩子们的心理状态，虽然不是全部，却可能是解决孩子成长烦恼的一个契机，得力于这个特殊的帮助，我才顺利解决了珍珠小学三年级时困扰许久的难题。

三年级的珍珠，生活中没有太大变化，除了外表上从幼童逐渐向少女变化，学校生活看起来也很顺利，但是却有让我百思不得其解的地方。从一年级开始学汉字，珍珠的字就写得很漂亮，她喜欢画画，对字的结构似乎也有着天然的平衡感，而三年级那几个月，眼看着字越写越小。虽然没有错误，汉字测试也总是满分，但是看到那些小黑点一样的字，总觉得哪儿不对劲，而且班主任平家老师也说了，字写得太小不容易看出笔画是否正确，数字也是一样，越来越小，成了我每次看作业都重复提醒的重点："写大一点，再大一点。"我老说，珍珠噘着嘴用橡皮擦了又擦，弄得写作业很不开心。

桑原老师的绘画班每半年有一次例行的家长座谈，每次上课老师都用相机记录下孩子们上课时的状态和作品，座谈时给家长看。说到那个学期的珍珠，桑原老师也注意到了同样的问题，她说不仅是写字小了，画画似乎也给自己设了限制，顾虑很多。

珍珠从幼儿园大班开始来桑原老师这儿，一直都是风风火火，进了绘画班的小屋根本闲不住，就着手边的各种材料，总是做完一个接着下一个，连周围都顾不得收拾，画画也是泼墨那样的，画得不满意就再来一次。而那一阵似乎对自己要求严格了，画个开头感觉不满意就要重来，反而迟迟进入不了状态，老师提到有次让他们画豆芽，同年级的孩子画了三张纸那么大的一个，珍珠只画了与实物差不多大的细细的小豆芽。做手工也是，不满意的就迅速处理了，老师都来不及拍照片，有次他们用小马赛克碎片拼画，珍珠选的都是特别特别小的碎片，很是费了一番工夫。

姐弟俩相差两岁，珍珠三年级时，泉泉刚上一年级。桑原老师说，泉泉开始上小学后，感到珍珠的"姐姐感"突然强了很多，也许突然感到了要照顾弟弟的责任感，而她自己又是个认真的孩子，"我要有姐姐的样子，我要做得更好"。这种心理就体现在了平常的习惯上，写字和画画，要更完美，不想出错，要谨慎，也许还有些小心，这些念头是不是也是负担呢？她也不过是个9岁的孩子，自己就足够可爱，应该更多地享受无条件的爱，不应该过早地背负责任感。

听老师这么一说，我顿时茅塞顿开，想一想，确实如此，因为珍珠是姐姐，又因为她总是很懂事，就想当然地让她照顾弟弟，一起上学一起放学，周三他们去上不同的课也总是珍珠把泉泉先送过去自己才去。有回两人放学没有一起走，珍珠先回到家，半天等不到弟弟，又哭着跑回学校找，还有一次她忘了带家门钥匙，苦恼了好半天才央求班主任老师给我打电话。姐弟俩一起上学，珍珠有时候会顺手帮弟弟拿东西时，我感到很欣慰，但这些无形当中何尝不是孩子的负担呢？

桑原老师建议说，是不是可以多创造些和珍珠独处的机会，多子女的家庭很容易遇到此类问题，虽然家长在努力做到平等对待每个孩子，孩子还是需要那种被特殊对待，被当作唯一的感觉，这也是养育了一双儿女的桑原老师自身的经验。那段时间，我正忙于工作，有时候周末也要出去，很少有机会和珍珠单独相处，而下班回来有时候还要做自己的事，恨不得关上门自己待着，看珍珠写作业时在旁边的提醒显得有些生硬，催她练琴也变得像命令，也许更加剧了珍珠的孤独感。

和桑原老师谈完，我自己也从焦虑中解脱出来，轻松了很多。桑原老师说，其实绘画和手工都可以是心理表现的一种方式，这种心理学艺术治疗（Art Therapy）在医疗机构有广泛应用。桑原老师每周都会去附近医院的儿科病房做志愿者，帮助照护长期住院儿童的心理，还有针对厌学在家闭门不出的中学生的辅助活动，因此对班上孩子们细微的心理变化都能从独特的视角捕捉。

那天回家后，我跟姐弟俩坐在地板上看他们的作品照片，珍珠指着那个细细的豆芽图对我说："妈妈，你看我的豆芽尾巴画得好吧，还弯过来了。"我点头仔细看，确实和真豆芽一样，拖着长长的细尾巴，我说："真的呀，妈妈都没发现。"表达味觉的画里，泉泉画的是柠檬的酸味，像被电打了的松鼠尾巴，看着让人发颤，珍珠画了黑色的太阳来表达红糖的苦涩感，而旁边又红又黑的台风圈则是又苦又甜的纠结感，孩子们表达得真好。

我跟珍珠单独聊天，才知道还有另一个缘由，她们放学后去的学童班里有个年龄大一些的老师，总是要求三年级的大孩子照顾低年级的小孩子，加上姐弟俩在同一个班里，就对珍珠格外严格，总是说："你是当姐姐的，要做好，要照顾好弟弟……"珍珠感觉在学校的压力比在家里还大，谜团解开了，我也想好了解决的方法。

晚上睡着前，珍珠拉着我的手说："妈妈，其实昨天去温泉，我特别想吃刨冰，没敢跟你说。"

我摸着她的头说："好的，下次去一定给你买，下雪天也买。"

2012

2012 年 11 月，幼儿园文化节前孩子们的盛装游行。

2014

2014 年 9 月，在和歌山县的海边度假。

2015

2015 年 5 月，日本奶奶家门前的河，是孩子们夏天的乐园。

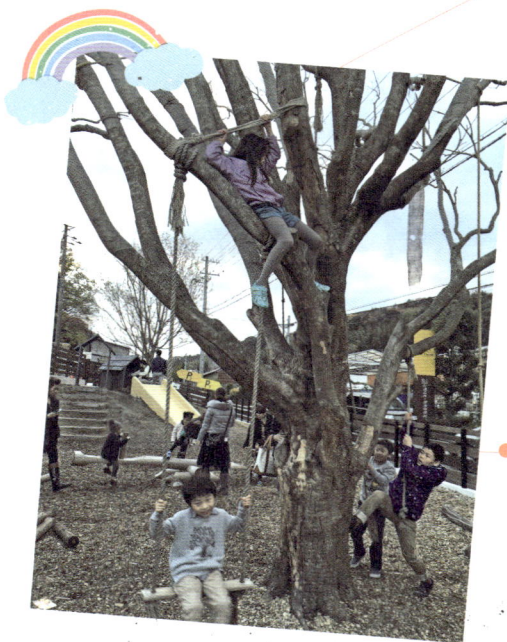

2015 年 12 月，爱爬树的姐弟俩。

2016

2016 年 2 月，泉泉幼儿园大班的冬季马拉松跑。

2016 年 3 月，泉泉幼儿园毕业前，去京都西本愿寺还愿，那是他们佛教幼儿园的宗派大寺。

2016 年 3 月，珍珠的第一件木匠活儿，给小鸟盖房子。

2016 年 4 月，泉泉上小学的第一天，姐弟俩背着大书包。

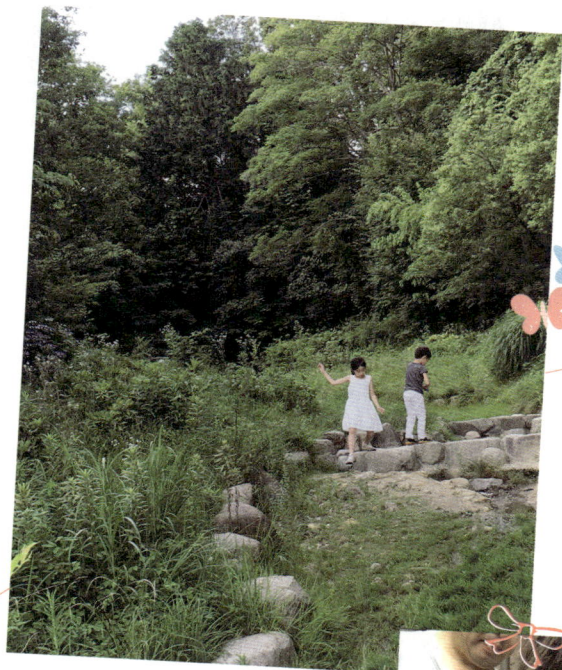

2016 年 6 月，姐弟俩在附近的公园探险。

2016 年 10 月，姐弟俩在爸爸的指导下一起搭建院子里的露台。

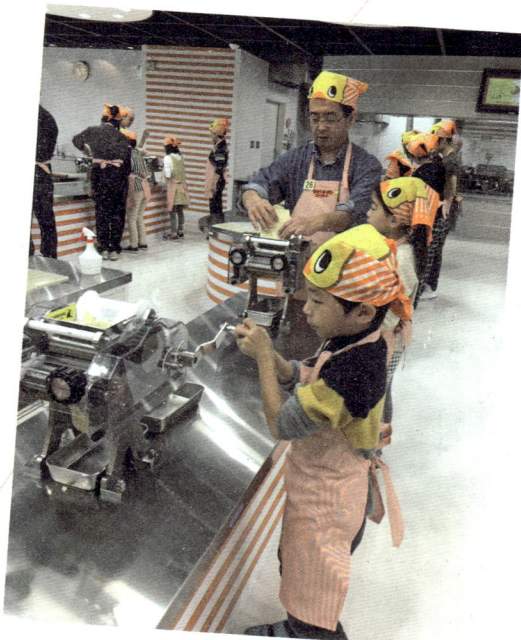

2016 年 11 月，全家去
方便面工厂体验。

2017

2017 年 5 月，绘画班的桑原老师和孩子们。

2018

2018 年 11 月，跟往年一样秋天回奶奶家帮忙收青橘，姐弟俩合力把 20 公斤装的青橘倒进收购站的筐里。

2019

2019 年 7 月，珍珠自己用缝纫机做针线活儿。

2019 年 8 月，暑假回国在姥姥家团聚的第三代人。

10

在家创业的日本妈妈

🪴

一年一度的芭蕾舞发表会顺利结束了，珍珠回来告诉我："演出结束后，卢米娜老师在舞台上哭了，感动的。"

芭蕾舞班是卢米娜老师个人开的，"开业"10周年那次，发表会场面非常宏大，老师是当仁不让的主角——光彩照人的灰姑娘，谢幕时，只见瘦瘦小小的她手里捧满了鲜花，身着白裙戴着王冠满脸欢喜，也没有落泪，如何这平常的第11年让她如此感动？

第11年的演出剧目是歌剧《葛佩莉亚》，卢米娜老师也上了台，只是作为配角出现了一幕，表演的主力是60多个孩子，从3岁到初中生，分别出演了不同的角色，珍珠演的是英国木偶，她特别喜欢英国卫兵的红裙子。挑大梁的是几个初中生姐姐，老师专门从外面请来了专业芭蕾男演员和她们配戏。不上场的时候，珍珠和低龄小朋友们坐在舞台侧面看表演，她最羡慕的是美香姐姐和纱月姐姐，两个人都练芭蕾多年，四肢修长，动作优雅，虽然才初二，已经在不少芭蕾比赛中拿过奖。

回家看卢米娜老师的博客，提到这次表演中挑大梁的纱月，芭蕾舞班创办伊始就跟她学芭蕾，3岁时只是个摇摇摆摆的小娃娃，11年过去了，看到她淡定地站在舞台中央，跳完了整幕，表情动作都无懈可击，比起自己曾经的光芒，作为老师看到孩子的成长更有成就感，因此感慨落泪，太可以理解了。

跳芭蕾在日本是个热门兴趣班，很多小女孩从幼儿园就开始练芭蕾，肉乎乎的小胳膊小腿儿，穿着小蓬蓬裙、白色的袜子，不管舞蹈动作如何，光在台上跑就让人看着喜欢。

珍珠小时候喜欢跳舞，一直想给她报个芭蕾班，奈何时间都不合适，我要上班也没法送她，一直到小学二年级才找到卢米娜老师的班，时间合适，离家也不远。虽然开始得晚，但还好珍珠身体比较柔软，加上爱运动，很快就学了不少动作。每周去一次跳一个半小时，到快7点接她时总是喊"快饿死了"，发表会之前的两三个月要牺牲周末去集中训练，却从来不喊苦，跳舞的过程有女孩子们喜欢的种种小乐趣在其中。

珍珠刚去的时候就羡慕美香姐姐，平时上课没有太多说话的机会，一次集中训练的时候她们等候的时间长，珍珠终于和美香聊上了，她说："姐姐你的衣服好漂亮啊。"美香姐姐对她一笑说："你的也很漂亮啊。"谈论衣着是不同年龄间女孩子们永恒的话题。以前珍珠总是懊恼自己开始得太晚，那次聊天得知美香姐姐也是7岁才开始练芭蕾，珍珠对自己又充满了希望，希望自己赶快长个，胳膊腿儿能再长点儿，像姐姐那样优雅。

发表会前有很多次集中训练，表演服装看上去漂亮，穿的时候需要互相帮助才能扣上后背的衣扣，小学生们自觉围成一圈站着，帮助前面的人。和幼儿园小妹妹们在一起时，珍珠会主动提醒小朋友的出场时间，不同年龄的小伙伴们关系特别好，等着上场的空当儿，她们在休息室一起看漫画、交换零食、聊天，是上台之外的乐趣。

卢米娜老师自己 7 岁开始学芭蕾，16 岁开始做芭蕾舞班的辅导老师，还去英国留学过一年。芭蕾舞班开在家里，11 年来，学跳舞的孩子累计超过了千人。我翻看发表会的节目单最后一页看到招募新学生的广告，上课时间每周有 5~6 天，都得配合幼儿园和学校的课余时间，大多是下午三四点开始到晚上八九点，还有面向成人的课程，这就意味着每周几十个小时，老师都需要站着指导或者跟着一起跳，收入不比上班族多出很多，需要多大的精力和热爱才能做到呢？况且老师还有一个上小学的女儿，也是个要兼顾孩子和家庭的妈妈。

老师在博客写道："做自己擅长并喜欢的事情，就会觉得未来有希望，有更多自信并为之去努力，而要做到这些需要三个要素：志向高远、永怀感激和积极思考。""自己的梦想如果可以帮助到别人，就是丰富自己的人生。"她的理想是通过跳芭蕾提供这样一个环境，既让孩子们做自己喜欢的事，追求自己的梦想，又能感受到同伴们之间的互相扶持。

也许老师更知道在日本专业跳芭蕾的难度，要以此为生并不容易，对班里的中学生们要求就更严，要求她们一定不能因为跳舞而耽误学习，要美美的还要学习成绩棒棒的，这是很多家长们信服她的地方，从另一个角度讲，老师也是个严格的教育者。

在日本常能听到"社会贡献"这个词，不是企业也不是学校，小小的个人如何才能做到对社会有贡献呢？一个日本妈妈对我说，把自己的孩子教育好就是对社会最大的贡献，诚然。而像卢米娜老师这样一个小小的芭蕾舞班，既是老师也是妈妈，如果跟她上过课的上千名女孩都曾受到她的感染，爱美、气质高雅、对人友善又不放弃努力，这便是这个妈妈对社会莫大的贡献了。

日本已婚已育女性对待工作的态度大概分三种：一种是不管生几个孩子，休完一年或者一年半育儿假就返回职场，这种妈妈一般都有比较稳定的工作，是公司正式职员、公务员等。

还有一种是选择当全职主妇。全职主妇在日本是一种职业，有些女性很认同"男主外，女主内"的千年老传统（很多男人也认同），认为赚钱就是男人的事情，为了维护这个职业的尊严，她们"打死也不去上班"。有的女性则因为小时候缺少妈妈的陪伴，觉得光忙工作会带来缺憾，所以下决心要给孩子最完整的陪伴。全职主妇的要求不低，早起做便当就是一大考验，办公室有个同事每天要带两份便当，午饭和晚饭的内容从来都是不一样的，太太的辛苦可想而知，其他家务更不用说了，邻居家孩子们去幼儿园带的手绢都烫得平平整整。

最后一种是生孩子后辞职，自己照顾孩子到上幼儿园或小学，等稍有自由时间后再重新就业，这也是多数妈妈的选择。珍珠和泉泉上幼儿园时，一个班 30 个孩子，全职上班的妈妈不超过 5 个。私立幼儿园平常下午 2 点放学，星期三还只上半天，早上 9 点半送去，11 点半就得去接，加上回家后还要带孩子去上各种课外班，妈妈们就是想上班，时间上也保证不了。

不过这样也有好处，小家庭能贯彻自己的育儿理念，不受旁人干预，也利于培养爸爸们的家庭责任感，现在的爸爸们多半能分担些家务，周末在公园也常能看到带孩子的爸爸们。

孩子们上小学后，妈妈们可以轻松很多。日本严格执行划片入学制度，学校离得近，又不许家长接送，孩子们每天早上背着大书包出门，中午吃学校的配餐，下午 3 点多或者 4 点多放学自己回来，如此一来，妈妈们有了自己的时间，纷纷开始"再就业"。

护士妈妈最容易"再就业"，只要想工作，大医院、小诊所、康复中心还有老人中心都非常欢迎她们。日本最认各种资格证书，而护士资格证书尤其抢手，护士工作小时工资比较高，而且即使中断几年，稍加培训后仍可以胜任。超市、便利店、花店，可供妈妈们选择的小时工很多，就是收入不高，可以贴补一下孩子们课外班的费用。

再有就是像卢米娜老师这样在家里创业的妈妈们，日本女性受教育程度高，很多人都有一技之长，在我们社区里就有好几个这样的兴趣班，下班回家能听到对面"叮叮咚咚"的琴声，是邻居妈妈在家教钢琴，前排房子有桑原老师的绘画班，再多走两步，社区活动中心就是珠算班和书法班，对妈妈们来说不用通勤也不用整天上班，时间灵活，是个不错的选择。

日本的个人所得税以家庭为单位征收，主妇妈妈们没有收入时，和孩子一样，是家庭的被抚养人口，工作的爸爸在税款上会有一些减免，即使妈妈去工作，如果年收入在108万日元（合人民币7万左右）以内，可以照常享受这个减免，但超过这个金额，就要按双方工资收入各自征税。每家都有自己的经济账，计算以后，很多妈妈都把收入控制在这个金额以内，这无形中成为女性再就业的一个障碍，日本政府也在研究是否需要提高额度。

对于工作这件事本身，收入虽然有差别，各种职业平等的认识度很高，大学教授或者企业老板并不会瞧不上保洁的小时工，城市和农村地域差别也不是那么大，大多数日本人对金钱的欲望不那么执着，反之，忍耐力特别强。邻居家有两个儿子，妈妈是护士，夫妻俩都喜欢摩托车和汽车，没孩子时经常换车，孩子出生后妈妈辞职，家里的车减为一辆经济型并且平日都是妈妈开，她说有孩子就要压制欲望，不能瞎奢侈，爸爸每天早出晚归都是电车，妈妈一直在家待到小儿子上幼儿园，后来开始每天半天去医院上班，夫妻俩感情很好，在Facebook 上互相关注，纪念日还看到爸爸对妈妈的感谢，并说"以后也一起加油"，特别有日式家庭感。

　　不管选择何种方式，都有各自家庭的平衡考虑，如果收入和工作方式都是互相认可和尊重的，何尝不是妈妈们重要的事业？泉泉上小学后，我在家开了一个英语班，虽然暂时只是工作之余的副业，说不定会成为终身的事业。

11

温柔的日本虎妈

🪴

4月是日本新学年的开始，每年都有不少孩子来我的英语班体验，一般来说，如果孩子年龄小，我都尽量让妈妈坐在孩子旁边，这样孩子有安心感。一次有个妈妈带着幼儿园中班的孩子来，安置好孩子之后，她搬起椅子坐在教室门外，我说没关系，可以和孩子一起的，她摆摆手说："妈妈在场的话，他会撒娇的……"

不记得这是第几次从日本妈妈口中听到同样的话了。

林语堂曾经有过一段流传很广的话："世界大同的理想生活，就是住英国乡村的房子，用美国的水电煤气设备，有个中国厨子，娶个日本太太，再有个法国的情人。"（林语堂《八十自述·论幽默》）那句话里的日本太太是以温柔为标准，太太当了妈呢？日本妈妈的严格名声在外，变成了"狠心"的、温柔的虎妈。这个"狠心"，最能体现在孩子们的体育类课外班上。

幼儿园起，孩子放学后都直奔各种体育兴趣班，棒球、足球、体操、游泳班都有，中学放学后在校内有各种体育小组，总能看到背着大运动包的孩子练到6点才从学校出来，运动完再学习。幼儿园小朋友雄太跟我学了一年英语，一次课都没缺过，有回他上课前去游泳，据说练翻身回游居然晕了，回家后妈妈给吃了片晕车药，又直接送来上课。

日本妈妈重视体力培养的习惯大概可以追溯到二战结束之后，学校的体育教育方针改为"从尊重儿童和学生的自发性的角度出发，内容以体育和游戏为主"（日本文部省 1947 年的《学校体育教育指导要领》）。我的日本婆婆那时刚上小学，在学校的体育馆里练了好几年平衡木，饭都吃不饱的年代，学校的场地场馆已经初步完备了。从这样的经历中婆婆知道孩子体能训练的乐趣和重要性，在老中儿时的乒乓球训练上更是十分严格，老中抱怨过很多次妈妈的"狠心"，也承认曾经取得省级比赛亚军的成绩与妈妈的"狠心"密不可分。

这倒让我想起日本有名的乒乓球运动员"瓷娃娃"福原爱，电视里最有名的画面是 5 岁的她一边哭一边打球的练习场景，她一次次抹着眼泪去找场外的妈妈，一次次被妈妈摆着手赶回去……没有妈妈当年的狠心，也不会有她后来那么大的成就。

最早见识到日本妈妈的"狠心"是在儿子泉泉练空手道的时候。

泉泉第一次练空手道的时候，我全程都在休息区等着他，同班的小朋友有同校的一年级小豆包，有幼儿园大班的孩子，还有一个特别矮小的中班小姑娘，6 点半前妈妈们送来，等到开练，妈妈们都撂下一句"加油！"摆摆手走了，中班小姑娘的妈妈笑着跟我说："妈妈在场的话，她会撒娇的……"

每次课最后都有实战练习，那天最小的那个姑娘没穿防护服就上去了，而对手的小男生脚踢得还不够高，一脚实打实地踢到小姑娘腿上，我在一旁看着都觉得疼，小姑娘当时就躺地上哭了，等妈妈来接的时候跑过去诉苦，只换来妈妈摸了摸脑袋的一句"没事没事"，当时觉得这个妈妈真狠心，小姑娘却没有再哭。

让泉泉练空手道是为了增强他的体力，那以后我也向"狠心"的日本妈妈们学习，送完就走，后来发现：推出去的孩子，自有他的力量和化解情绪的方法。

有天泉泉回家晚，到家已经快 5 点半了，而 6 点半就得去练空手道。我做好饭让他赶紧吃，不到 6 点倒是吃完了，但是他接着喊困，躺在沙发上不到一分钟就呼呼地睡过去了。眼看着快 6 点 20 分了，赶紧叫醒他换衣服洗脸，人还是迷迷瞪瞪的，送去了体育馆。

进了体育馆，泉泉还没缓过劲儿，同去的珍珠拉他在体育馆里热身，倒勾起了他的委屈，我远远地看见他在揉眼睛，跑到我身边干脆哭了起来："妈妈，我头疼，今天不想练了。"我搂着他摸了摸额头，没有发烧，应该就是闹觉，就安慰他说："没事，你去活动活动就好了。"他摇着头抹着眼泪怎么也不肯过去，旁边其他孩子已经开始集合练了，教练也投来关注的目光，平时严厉的另一位老教练过来安慰他说："没事，不要勉强，慢慢来。"他似乎得到了同情，哭得更厉害了。

我拉着他的手先从体育馆出来，让他到洗手间把脸洗干净，等他出来跟他说："妈妈知道你今天有点累，刚才没睡醒难受，就像早晨起床一样，早晨咱们不也是做做操身体就慢慢醒来了吗？你去试一试，能练就练，不能练就在休息区等着，到点妈妈来接你。"

泉泉看到我没有要跟老师请假并带他回去的意思，似乎也稍微平静了一些，我们一起回到体育馆内，我让他先在休息区那儿坐一会儿，感觉自己能去练时再上场，并答应早一点来接他，他同意后我就回家了。

那时候刚上小学的泉泉总和姐姐一起，我们比较放心，也总是告诉他"有事就去二楼找姐姐"，却忽视了在学校的大部分时间他都是在自己的班里度过，很多事情和场景都得他自己面对，如何让他用自己的力量去解决问题才是对他的保护。

空手道也是一样，刚开始只是练基本功，一级级往上走，要和人对打是根本不能逃避的，见招拆招才是应对之道，生活中又何尝不是这样呢？孩子还小，总有畏难情绪，知道妈妈是自己可以后退并依靠的后盾，这个时候不应该把他揽入怀中安慰，而应该狠狠心推他一把让他去经历风雨。

那天晚上8点半去接泉泉的时候，他已经和平常一样了，和其他小朋友站成一排，有模有样地蹲着马步打着拳，下课后鞠躬向教练道谢。他早已忘记了两个小时前自己的委屈，跑过来扑进我的怀里说："妈妈，今天好累啊，我要回家吃冰激凌！"虽然妈妈狠心，孩子撒娇的本领却一点没忘呢，因为妈妈的爱是不变的。我们并不是要培养专业的运动选手，只是单纯提高孩子的体力，有个好身体，才能慢慢过渡到学习，再到走上社会，这个过程中他的独立能力就一点点锻炼出来了。

果然，那个让孩子自己体验英语的妈妈，之后也一直没陪过他，而小朋友上小学后，就开始自己骑车上下课了。

12

开在我家的英语班

🪴

泉泉上二年级后，我在家里开了一个英语班，周六上课，教的都是社区里的孩子，从这个角度来说，我也是社区里的一名"园丁"。

英语班是日本一家老牌英语教育机构的家庭教室版，有专门的教材，老师基本上都是会英语的妈妈，一般开在老师家或者社区活动中心，招生定位是社区方圆几里的孩子们，所谓"民间的力量"，收费也不高。广告说"如果你喜欢英语，又喜欢孩子，加入我们"，喜欢英语比喜欢孩子的时间还要长的家长如我，就被吸引了。

私心当然也有，作为一只装满饺子的茶壶，大学三年级我就同时考过了日语一级和英语六级，工作中两者都能用到，陪着姐弟俩长大，我想探索一下除了每天睡前的亲子朗读，还有什么好玩儿又有效的教育方法，用日语教英语，对我来说都是外语，有点冒险，也是个挑战，而如果能拿一个英语教师资格证，想换工作时更可以多一个选择。

"育儿育己"，孩子长大的过程可以是家长再成长的过程，我买了很多英语童书，小时候喜欢英语却没什么接触原版的机会，大学以后也只能从图书馆借来有限的资源，和姐弟俩一起读书的日子非常过瘾，又拓展了生活之余的可能性，一举两得。

　　说实话，日本的英语教育现状很让人着急，日语发音简单并且种类少，加上数量庞大并且发音奇怪的外来语，导致日本人学习外语的难度很大，口语是短板，办公室好几个同事都在美国待过几年，英语邮件论文都很流畅，但是说出来的英语特别难懂。

　　小学 2020 年开始才把英语设为五六年级的必修科目，低年级的每周才上一次课，内容限于简单的会话，书写练习很少。市场上英语教育机构很多，经常能看到往来接送的班车，重视英语教育的家庭从幼儿园就开始着手，而更多的家庭并不积极，也许是因为日本特有的岛国特性，多数普通人没有往外走的动力和渴望，这些年甚至去海外旅行的人数都少了。

　　平常身边经常看到的那些站在路边一直聊天的、精心打扮去遛狗的中产主妇妈妈们，以及孩子们上学后四处打工的妈妈们，我以为已经看到大部分日本主妇妈妈的生态了，没想到，到了英语培训班，简直像发现了另一个生相，原来日本还有很多人英语都说得很好。问起来，这些妈妈们大多是英语专业出身，有做过空姐的妈妈，也有在国外待过很多年的妈妈，还有同期的几个中国妈妈，久经各种考试的洗礼，底子都不差。而更相似的是家里有低龄孩子，有的孩子才几个月，她们想开英语班的最初动机和我一样：要自己教孩子。

　　想更好地教育孩子，妈妈先自己学习，学习如何当老师。学习的过程并不轻松，需要很多的精力，长达将近 5 个月的培训，都是在周末进行的。英语班的招生对象从 3 岁到初中生，每个年龄段的教材和教学方法都不一样，要分别学习，要看书画重点、看视频学习练习，要早起，还要背着一大包沉重的英语教材坐地铁往返，有时候培训要耗上整整一天，特别耗神费力，但是收获很多。

父母在养育孩子的过程中非常容易焦虑，大多数来源于未知，不知道孩子每个成长阶段的特点和发育状态，加上和"别人的孩子"的比较，当期待值过高又不容易达到时，焦虑值更是日渐高涨。养育过两个孩子的妈妈都有过这样的体验，"头一个孩子照书养，第二个孩子照猪养"，养老大时经常手忙脚乱，搞不好母子一起抱头痛哭，老二出生后就很淡定，"见招拆招"，都是因为知识和经验让人强大，心理上更放松。

教书育人和养育孩子一样，都是很难的事情，难是因为角色不对等，当妈妈的一直要当大人，而对于孩子来说一切都是未知的世界，生活经验是不对等的，需要一点点地教。我当惯了外语学习者，用外语沟通和生活成了习惯，如今要给几乎是空白状态的孩子上课，知识上也是不对等的，要做好这些工作，就需要转换一下角色和思维。

教育的主角是孩子，一切都要从孩子的角度出发，英语班刚开始来上课的两个初中生，一点英语基础都没有，全英语上课难度很大，书写上也得从最基本的字母大小写开始，开始我有些着急，经过几次上课才慢慢调整过来，这个最开始的阶段沟通不是目的，不停地灌输也不是目的，如何从最基本的规则教她们，并引导着多发声多练习，她们学会并成长才是目的。

美国电影《廊桥遗梦》里，弗朗西斯卡说到她当老师时，能激发出孩子内在的潜能是特别有成就感的，孩子真的像一张容易晕染的白纸，即使是初中的孩子，在她的作业上画个大红花，写一个大大的Good，并且称赞她居然把那么长的听力都听下来，第二次的单词小测试她就全写对了。

英语班开到第三年，教的学生有幼儿园的小朋友，有和姐弟俩同龄的小学生，还有初中的小姐姐，对孩子们各个年龄的成长状态都能有一个认识，上课之余和孩子们聊天，也能了解学校的情况，在这些信息的横向和纵向比较中，我对姐弟俩的现状和将来都有客观的认识，自然不会陷入焦虑的情绪之中。

在英语班的培训过程中，我知道了不同年龄段孩子的目标值，了解了孩子们各个阶段的小心理，也学到了很多教学方法上的技巧，同样可以用于姐弟俩的日常教育中，睡前读书时我会特意让珍珠重复故事里的对话，虽然只有睡前的几十分钟，就很有效果。而每天姐弟俩在房间里写作业时，我常放了英语教材里的 CD 当背景音乐，他们不知不觉中已经能跟着背下来好多了。

最主要的是，妈妈有了当老师时用在学生身上的耐心，更能耐心地对待自己的孩子，家里一派和平景象。我的英语班就在家里的书房，有大大的桌椅白板，姐弟俩在桌子前写作业，兴致来了就在白板上演算数学，或者只是乱写乱画，有时候还钻在桌子下面玩儿，这个安静的环境变成姐弟俩最喜欢的地方。

而教育又是一件特别让人开心的事，来上课的孩子们都住在附近，有的孩子刚来时连英文字母都认不全，不过两三年时间就可以自己读一些简单的英文童书了，出门或在超市里经常能碰到他们，笑着挥挥手，想到自己也能为他们的成长助力，就觉得无比欣慰。

"好为人师"简单，"为人好师"才难，只要学着做，什么时候开始都不晚。

13

爸爸们的"家庭服务日"

花园村的星期天，是属于爸爸们和孩子们的。

星期天被称为爸爸们的"家庭服务日"，附近的公园里、草地上经常能看到爸爸们的身影，有的陪孩子练棒球、踢足球，有的拉着孩子的小手散步，有的在后面扶着孩子正蹬着的、随时要倒的自行车。春天，柑橘类树木开花，引来很多燕尾凤蝶，泉泉喜欢捉蝴蝶，我家门前经常能看到"老中扑蝶"的感人场面，性格温和，体态丰满，爱出汗，老中和宝姐姐挺像的。

我家是新开发的住宅区，周围还保留着很多稻田，春天插秧放水就是个美丽的画面，到了秋天更是一派丰收景象，每天上下班，能看到稻田慢慢变成金黄色，随着秋分时节的来临，日语叫"彼岸花"的石蒜也开花了，田间路边都是大红色的石蒜，远远看去，十分美丽。

星期天老中和姐弟俩经常出门骑车，很想近距离看看石蒜花，奈何一直没找到大路连接到稻田的秘密小路，经过好几次寻找，终于发现了。

目送过一大两小骑车冲下大坡的背影，我回到家里换洗床单，刷洗孩子们的鞋和水壶包。听着音乐干着活，手机"叮咚叮咚"响，是老中发来了姐弟俩在稻田里的照片：珍珠把手搭在泉泉的肩膀上，珍珠从背后搂着泉泉，珍珠躲在泉泉背后，刚睡醒的两个人连眼睛水肿的方式都一样，简直就是一个模子里倒出来的。他们一前一后走在乡间的小路上，秋高气爽，金黄色的稻田、绿色的树木、火红的石蒜花，加上高远的蓝天白云，是大自然才能描绘出的和谐色彩。不远处的轨道上，四节单轨电车缓缓驶过，那个单轨电车在晚上看像个发光的盒子，特别像动画片《龙猫》里的猫巴士。

我家地势比较高，回来一路上坡，孩子们的自行车没有助力，老中说他得先上坡把自己的自行车放下，再下来推珍珠上坡，接着下来推泉泉上坡，来来回回运动量很大，出了好几身汗，真是达到了锻炼目的。看着老中喜滋滋的表情，我想起全家去神户玩儿时的事，神户都是大坡路，一岁的泉泉坐在婴儿车里，珍珠不想走路也挤在里面，老中费劲地推着婴儿车上大坡，一步一步用力的背影好像就在昨天，"你们是甜蜜的负担"，甜蜜的负担一转眼就长大了。

孩子们体力好，这一趟回来也不累。停放好自行车，珍珠就喊着要去找好朋友玩儿，话音未落，马路那边传来小美的声音，她踩着滑轮车，穿着雨鞋，招呼珍珠一起去公园钓小龙虾，后面跟着小美爸爸，拿着三根小竹竿，带着两个妹妹，爸爸们都是星期天带孩子的主力，老中和小美爸爸聊了几句，他们曾经是幼儿园运动会家长组的合作伙伴。

花园村的大公园里有一座原生态小山，在日语里叫"里山"，小山深处的小池塘每到下雨就涌出潺潺的溪水，顺着水渠流入公园中心的大池塘。日本雨水多，那个小池塘经年有水，里面有很多小龙虾，随便找根绳子，在绳头绑块香肠或鱿鱼丝，伸到水里不一会儿就能钓上一只小龙虾，孩子们非常热衷于此。钓来的小龙虾可以拿回家放在大水缸里养，小龙虾倒着走路，受到惊吓就会张着大钳子"起立"，支撑不住又向后倒去，看上去滑稽可爱。水缸里养小龙虾不能太多，多了就会自相残杀，没有钳子的小小龙虾很容易死，爱惜动物的孩子们钓到小龙虾后，拿回家养一阵儿，不久又都放回池塘，因此，小龙虾总钓不完，钓小龙虾是花园村孩子们百玩不厌的游戏。

把孩子们交给别人家的爸爸，我们很放心。平常珍珠、泉泉常常一整天泡在小美家，和小美爸爸很熟悉，小美家三姐妹也是我家的常客。姐弟俩跟着朋友爸爸去游过泳，老中曾像孩子王一样骑车带着一大堆小朋友去参加活动，在花园村，我们的孩子，也是大家的孩子。

趁着孩子们出去玩儿，我骑车冲下大坡去买菜，秋天的风呼呼地响在耳边，不知道孩子们刚才下坡时是不是有同样的感受，5分钟车程的坡下有家菜店，售卖各种农产品，应季蔬菜水果新鲜又便宜，有很多人专门开车来买，每天开店前甚至有人在外面排队等候。

星期天去买菜可以慢悠悠的，看着货架上的各种食材，久经训练的主妇脑子里慢慢构思出各种菜谱：最喜欢店里的土鸡肉，肉紧紧的，切成小块加葱姜用高压锅炖半个小时，再加入当季的萝卜，最后撒葱花放盐，是秋冬最常吃的汤菜；手工魔芋可以和牛蹄筋一起炖，是上好的下酒菜；大个头青椒脆生生的，用培根随便炒一下，不大爱吃青椒的珍珠和泉泉都忙着用勺子往自己的盘子里盛，新鲜的食物是最好的老师。

有时候买菜还有点像寻宝，空心菜和莴笋在普通超市里不常见，这里却偶尔能看到，可能因为饮食习惯不同，大大的莴笋竟然无人问津，两三个捆在一起才卖100日元，正好被我包圆。偶尔还能买到腥气十足的野猪肉、新鲜的大闸蟹、绿色的无花果。新鲜莲藕也上市了，买上几节，切片时能看到藕汁溅出的痕迹，还有切不断的丝，真让人欢喜，我切了碎碎的藕丁，拌了猪肉馅，准备包饺子。

星期天的饺子也可以慢悠悠地包，孩子们跑回来，看到我在包饺子赶紧洗手参与，他们热衷于用各种曲奇模具加工饺子皮，于是盘子里出现了星星、心形等各种形状的饺子，像一个个手工作品。包完饺子，孩子们放弃了晚上去市内坐夜船看风景的计划："妈妈，不用出去了，就在家里吃饺子看电视吧，多舒服。"

父母总是煞费苦心地想带孩子们看更大的世界、体验更多的生活、玩儿得更开心，于是难得的周末都像完成任务似的带孩子出门，其实，熟悉的地方也有风景，有了星期天爸爸们的家庭服务，不知道什么时候开始，孩子们也发现了"慢时光"的美。

14

大树上建造的秘密基地

　　回家路上珍珠问："妈妈，这个周末我还想去那儿，那个有树的院子，我还想爬树，这次我穿上防滑的鞋，一定能爬到最上面。"

　　哦，那个有树的院子，其实，妈妈也想再去。

　　那是附近的一个农庄餐厅供孩子们玩耍的地方，院子里的篱笆旁有一棵树，半架身躯在篱笆外面，叶子落光了，枝杈伸展，上面挂了秋千，不过是一根粗粗的草绳挂着一个圆盘，孩子们坐在上面，抓着粗绳摇摇摆摆，一会儿撞到树上，一会儿撞到篱笆上，笑声在空气中荡漾。树下是有些湿润的土地，覆盖着落叶和木屑，树那么高，干干净净，让你忍不住抬头一看再看，无比放松。

　　另一角落的院子更大，那里面的树更高，枝杈也很粗壮，不仅有一个真正的秋千架，四周还垂下了若干条粗绳子供孩子们攀爬。珍珠作为爬树好手当然忍不住技痒，不过那天是临时拐到农庄买花，她穿着轮滑鞋，要上树有些受阻，但是脱了鞋把力又不够，在爸爸的帮助下爬到了树的中央，后再试未果，很不满足地回了家。

　　那一阵姐弟俩放学后总是很忙，据说在附近的公园建造秘密基地，经常一去就是几个小时，还要带着很多的家伙什儿，手电、宝剑、球、娃娃、电话，简直是要搬家的节奏。我去给他们送吃喝，还没到公园，就看到泉泉的红色自行车停在路边，车筐里放着他自制的望远镜，再定睛一看，自行车后面，高高的路旁植物中有个小缝，想来他们应该是从那儿钻进去的。

进了公园，泉泉远远地看到我很高兴，也可能是看到我手里的水和零食袋子更高兴，跑过来拉着我，回头喊："姐姐，妈妈来了！"姐姐呢？只闻其声不见其人，泉泉把我拽到滑梯旁的一棵橡树下，我抬头一看，这棵树里别有洞天，树杈呈阶梯状四处散开，靠近树干的树叶落了，而枝杈最外端的叶子还在，正好形成一个筒子，珍珠坐在高高的树杈上，靠着树干，手搭凉棚，说："妈妈，这儿的风景可好呢！你上来？"高低不同的树杈上，挂着他们的装备，手电在最上面，其余玩具分居在各个树杈当中，珍珠给我介绍说："这是我们的一号秘密基地，左边是我的房间，右边是弟弟的房间，天快黑了时需要开灯。"说完，她打开手电，树里顿时充满了柔和的光，非常有家的感觉。"我们把球和宝剑放在房间里，要玩儿的时候就下去玩儿，妈妈你看，是不是从外面根本看不到我们？多安全！"妈妈很同意，如果配个弹弓啥的就更好了，但是妈妈没敢提出这个完美的建议。

旁边的树是他们的二号秘密基地，那棵树更大，散开得更大，珍珠手脚并用，非常灵活地爬到高处，泉泉不甘示弱地紧跟其后，我也想尾随，奈何枝杈屡次卡住我庞大的身躯，我早已经没有了儿时的灵活，只得在树下仰头望着俩孩子。他们左顾右盼悠然自得，吹嘘着自己看到的风景："妈妈你看，远处那个塔楼！妈妈你看，万博公园的太阳塔！"只是为了让我艳羡，我确实艳羡，而且怀念。

小时候，我长大的北方小城里到处都有高大的树木，上学走路不到两公里的路旁，春有榆钱槐花，夏有桑葚杏黄，秋有柿子海棠，冬有老树昏鸦，我们上树上房，藏果子藏粮。为了没有成熟的苹果和梨，不用气急也爬得上高高的墙，除了害怕追来的大狗和某家大摇大摆的鹅，那真是无忧无虑的时光。初中校园里有一大排很老的核桃树，我们骑在树杈上晨读，秋天偷摘绿核桃，用石头砸开，细心地扒下裹着核桃仁的嫩皮，脆生生的好吃极了。在好朋友家的后院里，我们在杨树的枝杈上搭过一个小小的窝棚，折了很多细嫩的杨树枝，杨树叶子软软的绿绿的，大人们午睡的时候，我们俩钻在窝棚里看小人书，有时候也呼呼睡去，似乎没有掉下来过。

老屋的院子里有一棵杨树长得特别好，外甥女小的时候，老爸在杨树枝上绑过一个秋千，不过是一条窄窄的木板，两头用烧红的火棍烫出两个洞，把绳子穿进去绑在杨树的大枝上，胖乎乎的外甥女穿着棉袄棉裤圆滚滚，坐在秋千上笑得嘎嘎的，有时候老爸推得用力过猛，外甥女就一个 360 度小回环，一屁股蹾在地上，懵懵懂懂忘了哭。前面邻居家有棵泡桐树，四处伸展，一半在旁边的胡同里，1/4在我家院子把角，只有 1/4 在他家境内，每年春天开满了紫色的小喇叭——桐花，在寂静的春夜里能听到桐花落地的声音，那场景当时只是觉得很美，等我长大有点文化以后，经常想到那首老歌"The Sound of Silence"。

后来，老屋院子里的大树，邻居家的大树，众多胡同里伸展的大树，学校里的核桃树都没了。到处都是水泥地，我妈在花坛里种了棵樱桃树和苹果树，夏天还得拉防晒幕布在院子里，好多年了，果树们还很瘦弱。娃娃们不再荡秋千，摔个屁股蹾儿，一不小心尾骨都骨折了。再后来，我们搬走了，再后来，老屋和胡同也渐次消失，变成高楼。

孩子与自然总是最亲近最和谐，君不见，他们看到了开阔的公园，总是奔跑着要去玩儿，即使是蹒跚学步的孩子，也咧着嘴巴笑呵呵地张着小手往前冲，大孩子们如果骑了车，则恨不得能像电影《E.T.》里面的自行车那样飞起来。而在自然中，孩子们最喜欢的似乎还是各种树木，这种与生俱来的灵巧也许并不是单纯遗传了儿时的我们，而在于那更遥远的时代，也许始于我们开始直立行走之前。

只是我们终究无法给孩子一个有树的院子，一个让树木自由生长的院子，即使在日本我有一个可以接地气的院子，也只能让树木们长在大花盆里，枝叶繁茂果实累累，但是不能越过与邻居相邻的那段篱笆墙，更何谈可以让孩子们爬上爬下，甚至像电影《小鬼当家》里那样有个梦想的树屋呢？

"周末，咱们再一起去那个有树的院子吧！"我跟女儿说，"你去爬树，妈妈换双球鞋，没人的时候，我也来试试。"

15

春假里的学童托管班

🪴

日本政府从 2016 年提出了"劳动方式改革"，并推出改善女性就业环境的措施，保育园、幼儿园数量的增加和实现免费都是其中的一部分，在这个大环境下，一些企业和大学也增加了不少旨在减轻育儿负担的职工福利，例如家有上小学的孩子可以选择缩短工作时间，或者调整在家办公。春假里，我所在的大学办了一个面向小学生的学童托管班，为期一周，给孩子们一个体验大人工作环境的机会，每天的活动很丰富，还可以利用学校的体育馆等设施，只是人数有限，我很幸运地报上了名。

小孩子对大人的世界总是充满好奇，小时候我爸在机关上班，暑假里赶上突然下雨的天气，我最喜欢去给他送伞，穿过有门卫站岗的高高的大门，找到他的办公室，在满是文件柜的房间里等着下班，好像偷窥到了一点大人的秘密，而坐在爸爸的自行车大梁上一起回家，是儿时最开心的记忆。

在日本上班，公私界限很分明，即使是寒暑假，也不会看到带孩子上班的家长。孩子们一到三年级放学后和假期都是在学校的学童班度过的，碰上周末我偶尔加班老中又出差不在，迫不得已才带姐弟俩在无人的办公室待一会儿，因此，对姐弟俩来说，背着书包和妈妈一起通勤特别新鲜。

小学离家特别近，平时走路上学用不了几分钟，小学又严禁接送孩子，他们的上学路很少遇到堵车。等我开车被堵在周一的路上时，姐弟俩趴在车窗往外看，泉泉说："妈妈，这就是所谓的通勤高峰吗？""是啊，这还算好，以后你有机会看到上班挤地铁和电车的情景，那才是真正的高峰呢。"我说。

"我知道，我知道，我看过姐姐发的视频……"珍珠接着说，她说的是在深圳上班的表姐，排成长龙的人在等着安检，再冲上扶梯，冲上地铁，那也是我从前在北京上班时所经历的，真不希望他们长大后体会。

到了大学，姐弟俩去学童班，我去不远的办公楼，休息时从走廊窗户就能看到学童班的楼，想象着孩子们玩耍的样子，上班很安心。学童班中午有便当，下午有零食，还交了好几个朋友，姐弟俩都玩儿得特别开心。

最后一天，我带他们去常去的小餐厅吃午饭，他们端着托盘，一人要了一份咖喱，又拿了水果沙拉和酸奶，跟我排队结账，跟收银的大婶笑着道谢，大婶看着他们俩也笑意盈盈。我们坐在靠东边的桌子旁，那里有个半高的落地窗，坐下后正好可以看到外面的一丛翠竹，冬天吃完饭，腿脚都被晒得暖暖的，是我喜欢的位置。我跟珍珠分享了这个秘密，她点点头说："这个位置真好，妈妈上半天班，坐在这儿吃饭晒太阳，一定很放松。"

珍珠打量着周围，餐厅里有普通的学生，有西装革履的上班族，有身着工作服的实验室搞科研的，还有穿着白大褂的医学部学生，和周末常去的拖家带口的家庭餐馆气氛很不一样。"这就是社会人的日常。"我跟好奇的珍珠说。泉泉在一旁接着问："我们长大以后也要在这样的公司、学校工作吗？""大概会吧。"我说。

吃完饭，我们在校园里散步，也是天气好时我的日课。正是早春时节，到处樱花烂漫，一处水池旁的樱花道更是好看，而最吸引他们的是在水泥管上排队晒太阳的小乌龟，我告诉孩子们，每天面对电脑头昏脑涨，中午出来溜达的社会人就像晒太阳的小乌龟，他们会意地笑了。在水池里还有成片的睡莲，我告诉他们夏天可以看到开得特别好看的莲花，那里也是我的秘密花园，工作不顺利心情不好的中午，出来看看花，听听鸟叫，就能缓解很多。

偶尔带着孩子们来加班，曾带他们看了办公室和实验室，办公桌电脑的环境很常见，电子扫描显微镜、实验室的烧杯、滴管等化学仪器和他们小学的"理科"课本上的不一样，感觉像打开了一个新世界。

晚上去学童班接他们回家，泉泉问我工作如何，他本来想说"今天在单位的工作怎么样"，日语中公司是"会社"，不知怎么一张嘴变成"妈妈，今天你在社会怎么样啊？""嗯，今天妈妈没有危害社会，也没有在社会上作威作福，妈妈只是社会里普通的一个大人，和你们分享秘密的成年人，学童托管班的几日生活，有没有让你们看到一些大人们的小秘密呢？"

要了解社会和职业，从身边的家长开始，看到大人的工作环境，知道付出和收获，有辛苦也有缓解压力的小秘密，这也是春假学童托管班的另一个收获。

16

孩子带着去探险

古罗马时期的哲学家塞内卡说过一句话："人在教的过程中学。"所谓教学互长，这句话完全可以用于儿童教育时期。教育是有双向效果的，很多时候与其说是大人在教育孩子，不如说是大人在教育孩子的过程中学习，孩子特有的好奇和探索精神总会带给大人新鲜的体验和发现，甚至是单纯地理意义上的"探险"。

秋分时节，最适合郊游，周末好友母子来我家做客，我去车站接了他们，顺便在车站又租了两辆自行车，回家和父子三人会合。珍珠骑在自行车上高举右手招呼大家："走喽，跟我去探险！"她领头，老中断后，一行六人骑车冲下大坡。

好久没骑车了，珍珠带领的也非"寻常路"，是平常周末姐弟俩和爸爸一趟又一趟"蹚"出来的乡间小道。进入秋天，珍珠总是笑嘻嘻地扬着眉毛诱惑忙于工作的我："妈妈，我带你去探险吧？我，带着你！"终于实现了，而且不仅要带妈妈，还要带两位客人，11岁的小领队精神头更足了。我们从花园村最东端的小路穿出去，"先看右边，再看左边，看车！"珍珠回头停在路口，单脚支地，回头认真地跟我们说。

出了住宅区，驶入稻田旁的小路，竟然像进入另一个世界，左手是水渠，右手是田野或者竹林，竹林更兼流水音，清冷如秋。"莫听穿林打叶声，何妨吟啸且徐行。"脑子里冒出《定风波》里的这两句。"前方进入过山车路段，耶！"珍珠在前面大声喊着，我们依次驶过几个连续的坡道，都是水泥铺就的至少 45 度的陡坡，那是珍珠最喜欢的路段，她最喜欢过山车般的刺激和快乐。

稻田四周，开满了一丛丛的石蒜花，好友老家在大连，没怎么见过石蒜花，招呼孩子们停下来拍照。孩子们对花却全无兴趣，各自蹲在稻田旁边找青蛙，泉泉前些天在公园附近的泥巴地抓到一只绿色的小青蛙，养在虫箱里，小青蛙背上有黑色条纹，跟我们小时候玩儿的发条青蛙一样，虽然"身在牢笼"，依然在水里游得四肢舒展，泉泉给青蛙的小房子里放了石头和小小的游泳圈，小青蛙有时候就蹲在游泳圈上漫无目的地漂浮。

乡间小路两边，半大的石榴滚落一旁，柿子树上果实累累，大大的喇叭花挂在篱笆上，成片的波斯菊也开放了，地头停放着小卡车，有人在地里忙碌，地头割掉的杂草散落在路边，也有干透的野草摞成一小堆被放火烧掉，远远望去，此一处彼一处的轻烟升起，在微风中久久不散，燃尽的草堆下露出黑色的地面，好想回到小时候，揪几把干草，钻在田野的某个小角落，美美地放上一把火。

有一段路只是两道车轱辘碾出来的碎石头小道，道路中间和两旁都是高高的杂草，同龄的好友说，怎么那么像小学时的队日活动？骑车颠簸在乡村小路上，对于天天埋头在实验室做研究的她来说太新鲜了。小领队珍珠下车开始推着自行车走，原因是路太颠了，眼镜老砸鼻子，我也一样，珍珠还招呼大家停下，去看水里的大乌龟、游弋中的鸭子和受惊飞走的白鹭，这是姐弟俩和爸爸每次出来必看的风景之一，难走的路慢慢走也过去了，小路尽头是国道，国道旁边有我们歇脚的地方——冰激凌店！

来得早不如来得巧，店里限时特价，两个超级大的冰激凌球才350日元，我们每人都点了一个双球的，居然还有杏仁豆腐味的冰激凌，味道也不错。

补充完热量和能量，我们继续骑车穿过国道旁的小村子，钻过大路下的涵洞。相对于我家附近新开发住宅区的错落整齐，稻田的阡陌纵横别有味道，摸着门路后，感觉哪里都能去，稻花已落，蛙声依然，虽然已是秋天，小路拐角有个小小的神社，"旧时茅店社林边，路转溪桥忽见"的风景，虽然是异国的田园，同样漫长的农耕文化，日本现今的乡间和上千年前的相比，似乎没什么不同。

随着"溪桥忽见"的，还有我的记忆，十几年前我和老中也曾如此热衷于骑车穿行在乡间。有年冬天我们从丽江骑车到束河，车把上挂一网兜椪柑，坐在石桥上歇脚时剥几个解渴，真是甜美。隔年夏天从阳朔骑车到白沙遇龙桥，把自行车扔在竹筏上，一起漂流遇龙河，再骑到月亮山，路上的小饭馆的大瓶山楂水也是人间极品。

去时一路下坡爽快，回程就得呼哧带喘地绷着劲儿往上蹬，此时换成老中和珍珠并排骑车在前，父亲推着女儿向前。

骑了一下午车，最迷恋的是途中各种味道，竹林旁水汽的潮湿味道，干草燃烧时的烟和火的味道，路旁刚割过杂草的清香，转过某个屋角，院子里飘在空气中的淡淡桂花香，再晚一些，也许各家各户的饭菜香也出来了吧，白米饭？秋刀鱼？味噌汤？

晚霞挂在天边，我们在露台上摆出烧烤炉子，把椒盐、孜然、辣椒面腌了一晚上的羊排拿出来，烤得滋啦冒油，花园村一角飘着西域风情"羊漏"味，老中学了很多年汉语，仍然 r 和 l 分不清，总把"羊肉"说成"羊漏"，说不明白就喝酒吧，夏天泡的杨梅酒正好打开，一人满上一大杯。

送走好友，姐弟俩陪我一起回家，珍珠问我："妈妈跟我去探险感觉如何？"由衷地回答，太好了！谢谢珍珠让我重温了秋日之美和田园之美，更有那兴高采烈的心情，下坡就冲下去，上坡累了就停下来歇一歇，吃个冰激凌，重新上路，所谓人生，也不过如此简单。

家庭

用爱和生活守护的教育大本营

英国歌手 Elton John 有一首很有名的歌
"Your Song"，尤其喜欢最后一句歌词："How
wonderful life is while you are in the world." 关于家
庭和我们热爱的家人，不管彼此的人生最终要
谱成什么样的乐曲，最精彩的生活是我们都在
这个世界上，而最好的育儿和教育，就是一家
人在一起，用爱和生活守护彼此，家庭是教育
的大本营。

01

长大后，和父母在一起的日子

🪴

有年暑假回家，临走的前一天老妈来我房间闲聊。"过一阵秋刀鱼就该上市了吧。"她说，"日本的秋刀鱼可真好吃，鱼皮薄薄的，你家那个小炉子烤 9 分钟，烤好了泛着金色和银色的光，淋点酱油，又简单又好吃，那年我和你爸可吃了不少秋刀鱼。"秋风渐起，日本超市里最当季的就是秋刀鱼，最便宜的时候一条才 100 日元，人民币 6 块多，可以天天吃，顿顿吃。

2007 年，我生珍珠，爸妈来日本住了 3 个月，算起来是大学以后我们在一起最长的时间，那以后泉泉出生他们来了一个多月，珍珠上小学前我也回国内长住过几次，但是没再超过 3 个月，想来以后也没有机会了。我很庆幸那 3 个月的异国生活在老妈的心里留下了还不错的记忆，秋刀鱼、蓝天、台风体验、看不够的红叶，小区里每天背着书包上下学的叽叽喳喳的小学生，如果硬要说一个缺点的话，那就是"平常小区里太安静了，像没有人住一样"。

对少年离家的人来说，除了大部分模糊、偶尔鲜明的儿时记忆，长大后要寻找和父母在一起的共同记忆好像不是件容易的事情。

龙应台在一本书的序言中曾经这样提到父母，"我自己十九岁的时候，父母之于我，大概就像城市里的行道树一样吧？这些树，种在路两旁，疾驶过去的车轮溅出的脏水喷在树干上，天空飘浮的蒙蒙细灰，静悄悄地下来，蒙住每一片向上张开的叶。行道树用脚，往下守着道路，却用脸，朝上接住整个城市的落尘"，"行道树不会把一生的灰尘回倒在你身上，但是他们会以石头般的沉默和冷淡的失忆来对付你"。

现在想起来，朝朝暮暮骑车上下学的路上，可曾停下来仔细看过街道两旁的行道树？每次暑假回家看到那些长大的雪松、国槐、法国梧桐，感慨现在的美，儿时却是没有意识的，它们一直都在啊，静静的，动也不动。

18 岁的我大学一年级，暑假军训后有一个星期的假期，穿着印着大学校名的白 T 恤，一个人坐火车到西安玩儿了一趟，火车路过山西，我"过家门而不入"，那就是小小的"自我"萌发的起点吧，之后的暑假开始留在北京打工，每年都在家待不了几天，就急匆匆地跑了。

大学毕业赶上经济形势一片大好，头两年从石景山跑门头沟上班，后来换了工作，每天在西四环到东三环往返，最忙的两年，一年有 200 多天都在出差，脸上长满痘痘，老妈说是不是老在飞机里气压太低挤压的，吃了差不多一年的中药才好。老爸还没退休，老妈偶尔来京住几天，看着早出晚归两头不见太阳的女儿只有怜惜，除了请一天假或者周末陪她出去转转，大多数时间她都是独自在家，她又不愿意让我多担心，每次住不了多久就回去了。经济上独立的我开始疯跑，长假自然也是不回家的，五一在贵州、十一在云南，某网站上有个"我的足迹记录"，看着地图上渐渐插满的小红旗心中无比满足，至于回家则只能推到过年有限的几天。后来离开北京，春节也不能回家，相见更加遥遥。

后来，出国工作、成家，怀孕后老妈就表示要来照顾我，护照签证也很快就办好了，我预想了不谙外语的他们的不适应，却忘记了对于很少出差、几十年生活环境都不变的他们来说，坐飞机、出国本身就是一件大事，尤其是老妈。她一路上心里都很紧张，老爸则保持一直的好奇心，他坐在窗边看大海，说看到了很多很大的鱼，后来我想应该是海浪翻出的白边。气候差别太大，太原出发的早晨他们还穿着外套，晚上出机场就被大阪 9 月秋老虎的热浪和湿气击倒了，老妈说"怎么会这么热啊"，更要命的是，一直生活在干燥北方的他们对于超过 50% 的湿度特别不适应，到家第二天，老妈的腿上出了些疹子，她觉得只是水土不服也没当回事，后来疹子不见消退而开始疼，她也没跟我说。

已经快要临盆的我挺着大肚子在家里，上次我家添丁是二姐家的大外甥，隔了 10 年，也许是久未见到活生生的孕妇，老妈觉得我的肚子格外地大，我开着空调、光着脚、吃着冰激凌更吓坏了她，她坚持让我穿袜子说怕以后凉，也不让我吃凉东西，我满不在乎的态度也许让她更加担心，但是我妈说生的时候她不去陪产，她害怕。当年的她不到 30 岁已经生下我们 4 个孩子，二姐还是难产，只记得"生的时候不知道要怎么才好，只有忍着忍着"的无奈，提不出"拉玛泽呼吸法"等具体建议，不过她还是给了我一个重要的暗示，她生我们时产程都比较快，据说母女这个因素遗传最多。

彼时的我们，虽然应该是最亲密的父母和孩子，空气中却有一种微妙的陌生感。我收拾出二楼那个有 Loft 的房间，那间屋顶比较高，爸妈曾经说过不喜欢楼房的矮房顶，房间里放了电视，特意加了可以看央视的卫星频道，电视旁的小桌上放了电水壶，省得他们去楼下厨房接水不方便。爸妈到家的那一天，老中去北京接的，陪他们一起办手续一起上飞机，虽然语言不通，千里接送还是显得有诚意，我在家挺着大肚子把厨房擦拭得干干净净，因为老妈最挑剔厨房，我还费劲地和面蒸了一锅馒头，发酵发得也不好，也许这些太费心的准备让他们感到自己更像远方而来的客人。

老妈忍了好几天的疼，终于等到我生完珍珠才提出来，老中带她去医院看才知道是带状疱疹，免疫力低加上路途劳累造成的，而去看医生时已经耽误了几天，伤到了腿神经，后来神经痛了好久。我责怪她为什么不早点说，她只是说怕给我添麻烦。

珍珠顺利出生，确实如老妈所说，从最密集的阵痛到珍珠出来，我只用了两个多小时，爸妈去医院时看到配置了冰水的产妇豪华午餐，听说我第二天就可以开始洗头洗澡，也迅速接受了现实，"老规矩也不全对"，老妈说。回家后爸妈开始细心地"伺候月子"，每顿饭老爸都给我端到楼上，珍珠睡了就催促我赶快睡觉，有一天晚上珍珠吃完奶死活不睡，老妈接过去说我给你拍拍吧，她把珍珠用毛巾裹好，坐在沙发上轻轻地拍着后背，灯光暗暗的，我坐在旁边也能看得到她抿着嘴的耐心和脸上的无限温柔，也是从那一刻开始，我们之间的亲密感慢慢回来了。

没有孩子不知道，小小的婴儿真的是家庭之间的黏合剂，老中每天照例早出晚归还培训或者出差，除了能吃能睡能哭的珍珠，家里就是我们3个人，因为珍珠，我们都放松了下来。爸妈早晨起床后就会到我的房间，像在老家一样，我只要在家，他们两个早上都会来房间叫我，老爸拉开窗帘，打开窗户换气，放下婴儿床的护栏，老爸站在床边，老妈坐在我旁边，盯着还在呼呼大睡的珍珠看，看不够。有时候珍珠醒着，我喂完奶就抱她去爸妈的房间，我靠着墙边坐着，珍珠放在床中间，他俩一左一右在旁边看"眼睛真大""鼻子有点塌"，老妈还胡噜着珍珠青蛙一样的小腿，嘴里说"长啊长，长得长长的，长个大长腿"，有时候他们还把"奶牛妈妈"轰回房间睡觉，只留下珍珠，房间门都开着，我迷迷糊糊中听到他们俩聊天的声音，就像小时候一样，有着莫名的安心感。

在一起的时间长，也发现了以前看不到的爸妈的另一面。

老妈一向心灵手巧，来我家后不久，她很快地可以用所有电器，尤其是厨房的，电饭锅蒸好米饭后会一直保温，有时候老妈把前一天剩下的凉米饭倒进去，再摁一下启动键，就会自动加热 5 分钟，这个功能我用了好几年都没发现。老妈爱做面食，每天中午都给我们做面条，还带来了好多袋酵母给我们做包子，炸油饼，老家的面粉不分高筋和低筋，老妈凭感觉把两种面粉按比例混在一起，从没失败过。老爸爱吃鱼又吃不惯岛国的生鱼片，各种烤鱼帮了大忙，尤其是秋天的秋刀鱼，有时候晚饭他可以吃两条。晚饭的准备时间长，我常抱着珍珠靠在厨房门口和忙活的老妈聊天，听她讲"高氏料理"的种种秘诀，感觉油烟机灯下的老妈就像个女神。

老爸保持了一贯的规律和勇敢，他早晨 6 点起床，出去散步，从小区走到国道附近再回来，顺路去买面包，老爸爱吃甜食尤其爱吃豆馅的面包，附近的便利店每天 6 点开门，他去买几个面包，有时候也去另一家 7 点开门的家庭手工面包房，老爸发现"手工的面包比便利店的贵"。他负责每天去超市采买，就学会了一句"我不会说日语"，偶尔也拉着老妈一起去，告诉老妈："收银先问你有卡吗，买了冷冻的问你要冰块吗，买了盒饭那样的问你要筷子吗，你就通通摆手，看着屏幕给张大钱，她会找你的。"门儿清。

最让我佩服的还有一件事，当时我跟着 NHK 教育频道自学西班牙语，每个月初都会买西语杂志，想买 9 月的时发现已经 10 月了，老爸自告奋勇去买，我忘了给他拿旧杂志做样本，当时还没有智能手机随时拍照这么方便，老爸把杂志封面的文字照猫画虎描在一张纸上拿着就去了，不知道怎么和店员沟通，不仅买到了 10 月份的，还让店员去仓库找出了 9 月份的。我问得意的他怎么做到的，他说先拿到 10 月的，然后在纸上写了 10 打上叉叉，改成 9，指了指店面后面，又指了自己的眼镜做寻找动作，然后就都拿到了。珍珠还没满月时老爸就把她抱出去，说："我们珍珠长大要经风雨见世面呢。"想想我这个从来不惧怕去任何新地方的性格，完全是老爸的遗传。

这个期间，老中这个洋女婿虽然像局外人一样，也没忘了时常给我们订各种吃食、给老两口买各种营养饮料，3 个月后回国的老爸胖了 10 斤。几乎每个星期天老中都开车拉着爸妈出去玩儿，他们一起去海边、去附近的寺庙、去看红叶，我一个人在家照顾珍珠，发现其实照顾孩子没有那么难。珍珠两个月的时候我们还坐新干线去了广岛，陪着爸妈去看了海中的宫岛大鸟居，广岛的和平公园碧空如洗。

关于亲子，龙应台在《目送》这本书中写道："我慢慢地、慢慢地了解到，所谓父女母子一场，只不过意味着，你和他的缘分就是今生今世不断地在目送他的背影渐行渐远。你站在小路的这一端，看着他逐渐消失在小路转弯的地方，而且，他用背影默默地告诉你，不必追。"

孩子的长大必然会有离巢和分离的过程，接受这个结果，更能珍惜在一起共同度过的岁月。即使分开，我倒是觉得，作为父母，如果有机会在孩子养育下一代时再相处的话，也许会有另一种回归和发现。

02

日本爷爷的新年遗言

人的衰老，好像是一下子的。

那年深秋回老中家，临走前珍珠爷爷笑着说："新年都要回来啊，我要宣布遗言。"奶奶垂手站在一旁，面容沉静。

元旦那天天气极好，全家去附近的小学操场玩儿，孩子们一如既往地四处奔跑，荡秋千、踢球、拉扯着长长的画着龙的风筝，爷爷坐在操场旁的台阶上，目光追随着孙辈。他穿着宽大的黑色衣裤，中午的阳光洒在头顶，金光闪闪，之前的整个夏天都在化疗，他的头发都掉光了，后来只长出了细细的绒毛。那一刻，我突然觉得爷爷老了，眉眼都是垂暮的模样，不复是记忆中那个精力旺盛的，天不亮就去门前的河里撒网布箱、捞鱼捞虾的老人了。

晚上，姐弟俩和两个堂姐在另一个房间玩儿，他们关心的是难得相聚的欢愉，对大人们的凝重表情似乎并未察觉。我们围坐在客厅里，爷爷说："新年第一天就说这个话题有点沉重，不过生老病死都是无法抗拒的，总得接受。"泉泉出生那年，爷爷被诊断为癌症，年底做了手术，术后半年恢复极好，我们都以为他扛过去了，没想到后来癌细胞转移到了肝，又要再次手术并且化疗，难得的是，他的化疗反应一直都很轻，食欲与体力基本没受影响，甚至还在保持劳作。然而，屡次的 CT 结果都表明病情并没有得到有效遏制，年底换了新的化疗药物后，爷爷反应很厉害，吃不下饭，常常卧床。

爷爷说虽然自己生了病，但是一直有全家人的照顾，孙子孙女们寒暑假也都会回来，他感觉整个家庭的联结更紧密了，本来期望自己在孙辈的记忆中停留更长时间，至少能到年龄最小的泉泉上小学，但是从最近的检查结果和自己的身体感受判断，已经能预料到自己的时间不多了，所以打算提前交代身后事："家里的果园找了个帮工来日常打理，这样奶奶的工作量不会太大，收获时节估计两个人忙不过来，你们能回来就尽量回来帮忙，如果回不来就慢慢放弃吧。我的退休金奶奶可以接着领，维持生活没有问题。家里的房子如果奶奶将来不住，你们看着处理吧。我和奶奶的墓地都买好了，没有钱留给你们，只是留下奶奶一个人，就拜托给你们了。照顾好孩子们。"

说这些话时，爷爷一直很平静，奶奶、弟妹和我在一旁眼泪汹涌，老中哥俩似乎更冷静，只是沉默地坐着，那是我进入这个异国大家庭的第五年。

结婚那年我和老中各携亲友团在北京见面。晚餐上两家主人都西装革履正襟危坐，我爸说："亲家，小女儿就托付给你们了。"

"放心，Yuki 以后就是我们的女儿。"老中爸爸站起来郑重地鞠躬回答。

平时，我们相隔几百公里各自生活，老中妈妈经常寄来各种时令蔬菜食品，从来不掺和我们的小家庭，她总是在电话里温柔地说："上班很辛苦吧？要照顾好自己的身体。"但是如果需要，我怀孕快生的时候、珍珠生病住院的时候、我临时自己回国几天照顾不了孩子的时候，一个电话，他们就马上坐飞机跑来帮忙。

有孩子以后，我们也跟着孩子称呼他们"爷爷""奶奶"，有时候弟妹和我自己带孩子回去住，干活、吃饭或睡个懒觉都跟在自己家里一样，很自在。弟妹叫百合，日语是"Yuri"，我在家叫单字"雪"，日语是"Yuki"，奶奶常把我俩的名字叫错，急了就"Yuki桑、Yuri桑"地一起叫，惹得大家一通笑。

每个长假我们基本都会团聚在爷爷奶奶家，一家人去温泉、去买东西，热热闹闹地吃饭。夏天天不亮爷爷就去河里捞鱼，秋天在河边下了大笼子捉螃蟹，奶奶总是张罗很多东西让我们带走，附近农户种的大米、自己做的大酱、腌的咸菜，甚至一些蔬菜瓜果，回程的车总是装得满满当当，每次开车从家里走，看到两个老人站在车库门口笑着挥手再见，都有回娘家的感觉。

珍珠快一岁时，想着恢复上班后少不了保育园接送，我打算在日本拿驾照。为了方便照顾珍珠，爷爷奶奶给我预约了附近的驾校，让我每天去学车，那是我独自在爷爷奶奶家住得最长的一段时间。差不多一个月，爷爷每天早晨开着他的小卡车送我去驾校，下午再去接我，有的时候他到得早，就在驾校大厅和工作人员聊天等我，一副家长模样。学车不顺利时，爷爷安慰我说："不着急，没事，手动挡不好学就改学自动挡，需要加钱就让奶奶给你出。"

两周后拿了临时驾照能上路，奶奶让我开着她的小车在附近的空地练车，晚上老两口睡得早，珍珠睡下后，我在灯下背交规、做模拟练习题，后来交规考试满分，路考也一把就过了。奶奶每天在家背着抱着珍珠，祖孙俩躺在地板上玩儿，欢喜得不得了。驾校结束我们返回大阪，奶奶打来电话说："你们走了，感觉心里空空的……"和我们回国待了两个月后我亲妈说的话一模一样，原来超越国境，亲情也是共通的。

泉泉的出生让爷爷特别高兴，可是没能马上赶来祝贺，他查出了癌症。

而"祸不单行"，泉泉刚满 3 个月的那个圣诞节，我因病也要做个大手术，日期和爷爷的就差两天，全家乱作一团。老中留在大阪照顾住院的我，奶奶先照顾住院的公公，然后跑到大阪把 2 岁的珍珠和婴儿泉泉接回家，弟妹带了两个女儿回去支援，和奶奶一起照顾大家。弟妹曾经是医院的护士长，结婚后辞职在家做主妇，那两周，她每天晚上起来给泉泉冲奶粉喝，白天推着泉泉去散步，还详尽记录了泉泉每天的作息，孩子们打小就经常在一起，关系格外亲近。爷爷感慨说"患难之处见真情"，大病以后更感受到大家庭的温暖，这是他最欣慰的。

我手术后慢慢就恢复了，而爷爷还得持续化疗，总是奶奶开车接送，从来不要求我们回去帮忙，只是有一次实在太累，开车回家时睡着了，车子蹿到国道边上的菜地里，幸好总是系着安全带，车毁了人没有大碍。爷爷奶奶总是积极面对一切事情，得知患了癌症后，他们买了很多相关护理书籍学习，加上爷爷本来体力就好，术后恢复很好，而且之后很长时间的化疗也几乎没有反应，我们都乐观地认为可以维持很长时间，甚至觉得医生说的"最多两年"是个谎言，可是，癌症并没有因此放慢脚步。

新年遗言后，爷爷再次住院又出院，我们每个周末都回去，一直抱着求生希望的爷爷故作轻松地安慰说："到春天我就好了，别哭。"只是当我们要走时，泉泉凑上去亲他蜡黄的脸，他显得那么不舍。转入临终关怀医院前，他和奶奶到常去的饭店吃饭，居然吃掉了一大份牛排，靠输液维持的人生最后一天，爷爷提出想吃西瓜，老中和弟弟跑遍所有的超市买到了一个，回来切成小块，用牙签扎着喂爷爷吃，他都吃完了。

2月的一天，爷爷过世了，日本动画片导演细田守拍过一部讲述大家庭故事的电影《夏日大作战》，电影里突然去世的一家之主老奶奶在遗书中告诉家人："有你们，我很幸福。"老中说，爷爷临终前说了同样的话。

入殓师给爷爷穿上寿衣，之后由家人系上和服的带子，街坊四邻来家里告别，在露台上和奶奶说完话，走进停棺的榻榻米房间，拉开棺材盖上的小窗户看爷爷最后一眼。守夜那天，爷爷的兄弟姐妹都来了，2岁的泉泉来回打量着和爷爷酷似的他们，无意识地喊道："爷爷起来，来客人了。"

葬礼期间，我们在窗户下放了一小盘盐，那是唯一避邪的东西。葬礼只有亲人出席，大和尚一遍遍地念经，坐在下面的孩子们肚子饿，亲戚们纷纷翻包找吃的，偷偷给孩子们递巧克力，和尚敲响铜磬，声音悠长，每敲一次泉泉就跟在后面特别大声地说"再来一次"，参加葬礼的大叔大婶纷纷笑场，奶奶揉着哭红的眼睛也笑了，她说："没准爷爷也在笑呢。"那是个很特别的关于死亡的记忆。

在火葬场等候时，泉泉要上厕所，我带他离开了几分钟，回来爷爷的棺木已经进了焚化炉，再出来，亲戚们用长长的木筷子捡骨，一块块装到坛子里，再用紫色包袱皮把坛子包起来，奶奶抱着坛子坐车回家，坛子还是热的。

七七那天，照例请大和尚来做法事，按照当地习俗，我们在茄子和黄瓜上扎了四根牙签，象征着牛马坐骑，带着爷爷去另一个世界，出于同样的讲究还要打一斤年糕，从房子东边跃房顶扔到西边，长子负责扔。扔出去的年糕卡在房顶骑墙不下，亲戚们笑着说爷爷不想走，老中搭梯子爬到房顶又扔了一次，这回顺利落了下来，大家把柔软的年糕用手撕成小块，一起吃了，据说绝不能用刀子剪子之类的工具，因为亲情是粘连在一起，不能分割。

爷爷的墓地在离家不远的一个高台上，由一座寺庙管理。庙里，现任的大和尚是老中的同学，大和尚的父亲老和尚更是爷爷的老友。高台旁是上百年的大殿，大和尚逢年过节就在里面念经，站在高台上放眼四望，周遭都是经年绿色的柳杉林，多年前，爷爷坐着森林小火车来到这里安家，他最喜欢这里的河，清清的河水流过村子，潺潺的水声永不停息，陪伴了他几十年，也将陪他到永远。往山上走几步，有个村民集资修建的小神社，出资纪念牌上留着爷爷的名字，也是他的痕迹。

奶奶家里摆放了一座佛龛，爷爷的照片前放着香炉和铜磬，孩子们回去时总是先到佛龛前敲一下，说："爷爷，我们回来了。"每次临走前一家人都去庙里看他，奶奶带着两束小花、一瓶酒、一点水果，我们围成一圈合掌低头。

爷爷还以另外的形式存在于我们的生活中，每当姐弟俩有什么愿望时，总是虔诚地向爷爷的照片祈祷。学校升级换班，珍珠想和好朋友分在一个班，连续 3 年找爷爷帮忙，而奇迹般的，连续 3 年这个愿望都实现了。泉泉参加漫画杂志的游戏卡片抽奖，每次寄出明信片前都要向爷爷祈祷，有次居然抽中一张非常宝贵而稀少的卡片，据说中奖概率不高于千分之一。而我每年买彩票都不中，大概是爷爷觉得愿望太不单纯了。

年轻时的爷爷高高帅帅，他的名字里有个"健"字，常自嘲此"健"非彼"健"，和演员高仓健比。他性格开朗，爱开玩笑，家里有一张穿着水手制服的浓妆高中女生照片，居然是爷爷在村里活动时Cosplay 的，而这个爱搞怪的基因被泉泉完美继承，奶奶每次被泉泉逗笑时都会说，真像你爷爷。

新年或者五一长假，我们会带奶奶一起出门旅行，奶奶留了一小块爷爷的遗骨放在家里的佛堂，出门总是随身带着，仿佛爷爷也跟我们一起。家里的果园一直没有放弃，每年秋天，老中哥俩都会回家帮忙干活，后来加入了日渐长大的孩子们，这是大家庭的力量所在。

只是，每次回奶奶家，出门买东西，在超市拐角红绿灯前，我们都忍不住抬头看对面医院二楼临街的那个窗户，那是爷爷人生的终点，这时候，我总会想起爷爷的那个新年遗言。

03

日本奶奶的自在

日本的乡村生活以及乡村题材作品在全球范围受到追捧，大概是因为随着人口整体减少，年轻人又大多集中在大城市，日本从前的礼仪和人情只能在乡村得到最大体现了。

上年纪的人更讲究礼节，珍珠的奶奶就是这样。每年母亲节和敬老节给她寄个东西或者送个礼物，总是第一时间打来电话回"礼"道谢，我们出去旅行，珍珠爱给奶奶写明信片，奶奶收到了就会打来电话谢谢珍珠，顺便夸一夸明信片上珍珠写的字漂亮，珍珠有点不好意思，也很开心。同样，我们时常收到奶奶寄来的新鲜蔬菜，也不忘了给奶奶打电话，再顺便聊上几句，她自己住在大房子里难免寂寞，听到彼此的声音能安心些，这时就很庆幸奶奶不会用社交软件，不会发表情包，用的还是家里的座机或者她的翻盖手机。

那个冬天奶奶病了一周，感冒咳嗽，我让她去医院拿药，她平常要吃几种药，不能随便吃药店卖的非处方药，她去了，说回家后躺了几天，没什么食欲，倒也没到卧床不起的程度，加上家里总是食物储备充足，也不用担心吃喝。奶奶平时在镇上农协的妇女部帮忙，几天没去活动，乡亲们知道她病了，这下可好，每天一日三餐都有左邻右舍的街坊来送饭，奶奶抱怨说，本来想趁机偷懒好好睡几天，门铃叮咚作响，还得一次次从被窝里爬出来招呼，真是得不偿失。

我笑奶奶是"幸福的抱怨"，在处处 24 小时便利店的大城市，哪里能有这样浓厚的人际交往呢？

姐弟俩很喜欢奶奶家，不远就是山，近处就是河，新年回家，孩子们还特意拉着手去田地玩儿，对他们来说，走在窄窄的田埂上就像探险。而奶奶家的厨房和库房，就像一个无尽的宝库，总能变出各种好吃的，灶台上永远有一锅热汤，野猪肉和大块的山芋尤其搭配，鱼肉和白菜丸子的砂锅也好吃，再不济还有蛤蜊豆腐等各种酱汤，大酱是自己做的，切一盘自己腌的萝卜白菜，加上永远在保温的白米饭，感觉一天到晚都在吃。看电视的当儿，奶奶从冰箱里拽出冷冻的章鱼丸子微波一下，或者给孩子们烤年糕，加了红薯的年糕块冒着泡，咬一口，拽着长长的丝。

家里食物充足是有原因的，奶奶每周开车去附近的大超市采买，她喜欢冰箱满满当当的感觉，她一个人住，但是家里有 3 个冰箱，"冰箱有粮，心里不慌"。而那些超市里买不到的野猪肉、香鱼、年糕，都是和街坊换的，奶奶家有果园，还在附近种了一些蔬菜，她喜欢种些和别人不一样的，果园路边有好几棵果实累累的金橘，她让大家随便摘，加上她热心，彼此帮忙并用食物表达心意，是乡下的人情。

日本动画片《狼的孩子雨和雪》中，"花"妈妈刚开始在乡下生活时并不知道如何与街坊们相处，在老爷爷的指导下多种了几行土豆，收获之后，她抱着多出来的一袋袋土豆去邻居家串门答谢，换来了很多食物，甚至一台冰箱，那是乡下的约定俗成和意外收获，也帮助她很快融入了当地人的生活里。

　　新年假期结束，从奶奶家坐早班飞机回大阪，我坐在窗户旁，那天天气晴朗，空气能见度也高，经过奶奶家的上空时，头一次从高空角度看到奶奶家。那里山峦连成一片，低处慢慢蔓延到太平洋，山脚下到海边分散着小块的平地，就是我们经常开车回去时路过的一个个小城镇，跑在平面的路上感觉不到什么，从高空这么一看，才发现可居住的面积真是少啊。奶奶家的小镇离海边还有段距离，确切地说是在一个小山凹里，飞机上能清楚地看到那一片房子，不到早上 8 点，阳光还没完全照进去，奶奶应该还在被窝里吧。

　　乡下的生活，有一丝不苟的严肃，商店超市的服务别无二致，我们从电车站打车去机场，小镇的出租车司机也一样制服手套，严格遵守规矩。也有大自然中的放松和随意，奶奶的口头禅是"随便"，冰箱上贴了各种菜谱，每次做了菜端上来也总是伴随着一句"不保证味道"，她做饭基本上的调料是鱼类海带的高汤、酱油和一点糖，调味品中糖的消耗量最大，奇怪的是都很好吃。

　　新年期间没什么好电视节目，奶奶家也没有装卫星频道，孩子们在客厅"鸠占鹊巢"看搞笑艺人的活动，奶奶不喜欢看，她坐了会儿就跑到旁边卧室打开另一台电视，拉开床垫舒服地躺着，看别的台的唱歌节目，看到一个 10 岁孩子的精彩表演后，又忍不住推荐给我们，兴冲冲地跑回客厅强行换台："你们看！这孩子唱得多好啊。"一曲唱完，她把台换回来，"好了，就是想让你们看看。"又走了。

　　吃饭聊天说起过世的爷爷，新年过后不久就是爷爷的忌日，我问奶奶有没有梦见过爷爷，她说一次都没有。"也许爷爷那边的世界很开心，想不起回来。"老中说。而每天晚上 7 点睡到早晨 8 点的奶奶笑着，喝了一口啤酒说："不不不，是我现在自由又开心，没工夫想起爷爷。"她平时参加农协妇女部的活动，每周去跳健身操、去学画画，还接待来体验生活的大学生和小学生，比我们都充实。想想生死，有人说"一别两宽，各生欢喜"，爷爷和奶奶这一别，似乎比一般人别得更宽。

75 岁在日本叫作"后期高龄者"，也意味着正式进入老年，更新驾照时需要去驾校专门培训下自动挡驾驶，而对于开了几十年手动挡的奶奶，反而有另一种难度。老年人的驾照有效期是 3 年，她打算再更新两次，"估计到时候就拉不动手刹了"，说将来不开车了就换一个电动三轮车代步，却依然没有提到来大阪和我们一起住的想法。

回到大阪，有天我出门在电车上看到一个上年纪的妇人，穿着红色大衣，纤细的小腿包裹在丝袜中，脚下是双尖头绒面中跟鞋，鞋上还有一个同色的大蝴蝶结，头发也吹得一丝不苟，真是好看。我想起同样喜欢红色的奶奶，想起我们回去的那天，远远地听到她在小路那头的声音，"你们回来啦！"她捧着一大捧火红的南天竹走来，光脚趿拉着拖鞋，那个样子却比此时电车上的红衣妇人更美丽。

04

一旁暗伴的妈妈

重看日本电影《失乐园》，我注意到了男主角的妻子，一个插画师，总是在客厅的桌子前工作，男主角编造借口出去约会，她心知肚明地扭头道别，又俯身忙碌，那个背对家门的身影真是寂寞无比。我想，如果换作一个面向家门的位置，家人无论是离开还是回来，都先看到家里人的正脸，是不是会好一点？

人可以强颜欢笑，背影却似乎能暴露一切。多年前冬天和同事回国出差，遇到暴雪，从河南到西安机场已是费尽周折，航班更是完全混乱，我们在大厅差不多等了一天，同事颓然坐在行李箱上，他垂头弓背的背影，疲惫、无力，一览无余。

面向家门这个想法固然不错，具体在房间的哪个位置又需要琢磨，推门进来看到坐在窗前桌后的人时，会不会一时胆怯，似乎正要找领导签字，表情威严些，又像面试现场，就算笑容自然，也有些综合服务大厅办公的现场感。那么最佳位置在哪儿呢？

一个正面或者不用费劲扭头就能看到家人的角落，我家有两处。

日本的住宅面积不大，客厅和餐厅常连在一起，而且圆形餐桌很少。我家的原木餐桌是个很大的长方桌，原先放在客厅靠门部分的正中间，推门就能看到，显得空间很拥挤，我看建筑杂志上说，将餐桌设在房间一角能显得利落，如果有窗户的话，桌子一边紧贴着墙，更能使房间一角自成一体，这样房间会显得面积更大，试了一下，果然如此，而且餐桌紧挨着厨房，非常适合传菜。

我常坐在靠近厨房的那把椅子上，身后是电话，左手是可以看到风景的窗户。饭余时，木桌面擦得干干净净，插几瓶院子里的小花，我常坐在那儿看书，需要和姐弟俩的小学互写联络册等"公务"也常在此进行。姐弟俩有时坐在桌子对面写作业，有时坐在书架前看自己的书，有时哈哈哈地看着喜欢的电视，或者只是玩儿，抬眼都能看到，同时能看到百叶窗外院子里的彩色风车和日渐长大的苹果树，很是养眼。

泉泉上二年级后，写作业的意识强了些，他的 4B 铅笔写了又擦，时不时把餐桌弄得黑乎乎的，有时候作业没写完要吃饭又得收拾，很是麻烦。珍珠有专用的学习桌，放在二楼的房间里，她也不愿意自己在楼上写，加上我的电脑，于是就想着分辟一个专门的"学习角"。我在书房筹备英语班，买了两张大桌子拼在一起，加上几把折叠椅，贴了些英语宣传画就开张了。英语班只在周末开，不上课时，姐弟俩就在桌前写作业看书，书房成了家里最放松的地方，而我这个妈妈呢？占据着最安全的那个角落。

姐弟俩放学、我回家，我们总是很自然地钻进书房，我身后是白色棉纸的格子窗，左边是书架。珍珠坐在我对面，她写作业时总是不忘拿手机放着音乐，有时候甚至戴着大耳机。泉泉座位不定，有时坐在姐姐旁，有时坐在我旁边。不写作业时，他们也喜欢坐在桌前看书或者做手工，初夏不用开空调，打开格子窗，窗外是院子里的枣树和邻居家的草坪，周末的午后，我躺在桌子下面的地毯上睡午觉，干净的榻榻米虽然褪了色，有草秆淡淡的味道，让人安心。

相比更多诸事都要亲力亲为的父母，我更像一个角落的旁观者。

高考季，有同学在手机里发了母校高三的誓师大会视频，看得心里五味杂陈。群里一些做妈妈的同学开始焦虑，有同学提到曾经的学霸师姐，做母亲后对孩子的教育一刻都不放松，砸了很多补课费，她自己也重新回炉了一遍，高三模拟题自己随手都能做120分，可是孩子最终考得并不理想，而且重压之下心理上也出了问题，非常让人惋惜。

父母这样的投入，恨不得自己再去高考一次的劲头，对孩子来说，压力太过了。虽说育儿讲究陪伴讲究投入，成长的主场终究是孩子自己，学习也好，交友也好，都得她自己体味着往前走，这种"赔了妈妈又折兵"的教育，到底意义何在？

当然我也并不赞成完全靠孩子天分和自觉的放养，该上的兴趣班和课外班还是要上，尤其有些本身就是孩子自己挑选的。自己是受教育走过来的，不说将来孩子会从事什么样的工作，至少知道哪些东西更能取悦自己、让自己这个个体活得更开心一些，人生那么短，总是用于悲苦和困惑太可惜了。

四年级之后珍珠的学习自主性空前提高，一来是喜欢语文老师兼班主任，每天的作业都写得像印刷体一样是为了得到老师特别的贴纸和点评，老师给的贴纸五花八门，她特别喜欢。二来是学习后的成就感，社会课上要求记住日本所有的都道府县名称和位置，珍珠特别喜欢，立志要得满分，于是课间休息也在背和写，她说小组里其他4个人都在聊天，只有她埋头学习，不过她一点都不在乎。放学约了好朋友来家里，两个人坐在书桌前吃着布丁、提问地名互相考。昨天回家后，迫不及待地从书包里拿出考试卷子，满分，自己超满足。

很多儿童教育文章中都提到小学阶段的重要任务是多阅读、培养学习习惯。学习习惯尤其重要，养成习惯后，学习就是孩子自己的事了，家长只要旁观辅助就好，深有同感。所谓"快乐教育"，不仅是成长中物质的快乐，不是喊着"我很快乐"就可以，努力的过程和努力后的结果也很快乐，只有让孩子自己亲身体验，因为快乐是她的，不是家长的。

日本小学不公开考试成绩也没有名次，低年级孩子更注重于生活自立方面，是不是丢三落四？有没有和小朋友们友好相处？三四年级往上，就可以尝试一些校外的考试，日本中考时如果有英语测试考级的证书或者汉字测试考级的证书都会有加分，原因简单，愿意在学习之外考级的孩子至少具备努力的主动性。

珍珠四年级第一次参加了日本的英语水平考试，很可惜差了 3 分没过，自己倒很满足，因为当时的英语班学的语法不多，加上单词量不够，她现学现练，只准备了一个月，考前我们试做了两套题，她几乎没有太多思考的余地，都是紧赶慢赶才涂完答案。考完回来说都涂满了，说考试的那种紧张感还挺过瘾的。隔了几个月再次挑战，就顺利通过了。

这些过程中，我的作用并不大，经常只是坐在书桌对面忙自己的。天冷的晚上，姐弟俩写着作业喊饿，我就起身给他们弄点吃的，开袋饼干、烤盘薯条、热点章鱼小丸子，放在书桌正中间。刚烤出来的热红薯也是极好的，我们各执一个勺子抢得不亦乐乎，晚归的老中端杯咖啡顺势加入我们，此时书房就是家庭成员共处的"生活角"。

书房和客厅间隔着推拉门，大部分时间都是敞开的，有时候只是我自己在里面，姐弟俩在客厅里看电视或者玩儿别的，他们扭过头就能看到我，吃布丁或冰激凌时总不忘了招呼我一声："妈妈，要不要给你拿一个？"他们也知道关心我。

角落的妈妈并不寂寞，姐弟俩能看到的多半是妈妈的"自得"。

有天，我对着电脑屏幕淌眼泪，不停地抽出纸巾擦鼻涕，在客厅玩儿的泉泉抬头看了好几次，跑过来搭着我的肩膀一脸担心地问："妈妈，你怎么了？"此时，屏幕上放到电视剧《琅琊榜》的第12集，身着古装的女人正一把抱住对面的男人："我知道，我知道，你就是我的林殊哥哥……"

"唉，我们家最厉害的妈妈哎！原来你会为了这个哭……成这样？"泉泉摇着头走了。

我在书桌前看书时常喜欢抱个毛绒玩具，史努比是最爱，有时候还喜欢顶着它看书，保持史努比不掉下来，其实是另一种保护颈椎的好方法。对面，珍珠在素色的帆布包上作画。那是她的另一种创作，不知道从什么时候开始，她笔下的史努比也画得越来越好了。

角落的妈妈和孩子们，都在成长，都很自在。

05

爱木头的爸爸

谁说男人不爱买东西的？

隔三岔五，我家就会收到一些又大又沉的快递，姐弟俩在家看门，总会积极地拿了名章戳子去收快递并抱回来，这些他们根本抱不动，快递小哥也不敢给他们，只让他们把着门，自己搂着抱着，小心地把东西放到玄关台阶上，也有个头更大的甚至进不了屋子，直接放在停车场。这些快递都是给我家那个最有分量（体重最沉）的那个男人的，那个人就是老中。

有分量的人买的东西当然也是有重量的，这些东西都是大块头的、沉甸甸的……木头。

不看不知道，世界真奇妙。我从来对木头的认识只限于裹着树皮的圆木头、扎手的木板、光滑的三合板五合板，不知道还能有这么多不同种类、长短不齐的木块、木条、木板、木头花盆、橡木桶、旧枕木，也才知道老中是这样一个爱木头的人。

这些木头进了门我就不管了，一到周末，老中就在家里家外叮叮咣咣忙活，忙活完了，眉眼含笑，一副"您就赌好吧"的表情，拉我去看他的成果，这个反复的过程中，家里多了书架、老中多了书桌，客厅里多了电视架，厨房多了放土豆洋葱的木箱，门口多了橡木桶放伞，停车场后面多了枕木做的墙和栅栏门，院子搭了新露台，露台上添了小桌子、长椅子，连我放垃圾的塑料桶也变身为结实的双开门木头垃圾箱。

说实话，木匠的作品与家里整体的气氛能搭上，而且多半能用上，还是极大地方便了生活，除了有点多。姐弟俩小的时候，因为男孩女孩玩儿的东西不一样，很多玩具都得备两种，客厅和卧室里满坑满谷都是玩具，老中看不过眼，做了好几个放玩具的木柜，分门别类地都能收拾，只是他总想着把东西放起来，没想着其实还有另外一个处理方法，也是我特别擅长的——送人或扔掉。孩子们长大后，大部分玩具都被我扔了，于是空出好几个木柜子，空空的，又占地儿，然后，我又偷偷地把柜子扔了，要知道，扔大件垃圾也是个解压的好办法呢，而木头柜子多，老中好像到现在都没发现。

对于老中的兴趣，我没什么意见，不行就扔了呗，况且木头们不贵，那么多那么沉，就算合起来能堆个小山，可能价格还比不上我偷偷在商场买的那件羊绒大衣。所以对于爱木头的男人，我总是爱得深沉，摸摸钱包里的信用卡，不妄议。

老中说做东西是他解压的好方法，他小时候的梦想就是当个木匠，如今木匠自己忙活得不够，就带了一女一男俩徒弟，分别是女儿珍珠和儿子泉泉。

家里要重新布置客厅，老中把一直放在院子里的大木桩锯开，要自己做个电视桌。大木桩直径一米多，是爷爷多年前从山里找来的，据说来自上百年树龄的柳杉，木桩因为放得时间太久中间有道裂缝，老中将它一锯两半，安上木棍支架加以利用，也是对过世爷爷的纪念。连续几个晚上，他一回家就在露台上锯木头，电锯轰隆响，木屑簌簌落，旁边的两个小人儿看呆了，抬头望着认真工作的爸爸，满脸都是掩饰不住的崇拜之情。平常姐弟俩最爱看介绍日本手艺人的电视节目，这回无异于在身边发现了个手艺人。

姐弟俩跟着老中到工具间里找东西，更开眼了！"工欲善其事，必先利其器。"工具间里有各种修剪植物的剪刀、锯子、油漆、钉子、绳子、夹子、电动钉枪，还有霸气十足的空气压缩机！珍珠跟我说："妈妈，爸爸的工具间真像芝麻开门后的那个山洞！太多宝贝了，我好想赶快长大，也能用上那些工具。"女儿，四十大盗的山洞里不应该是各种金银财宝吗？而且，看到妈妈的那些珍珠首饰时，你不是也两眼放光地说长大了要戴吗？你到底是爱红装还是爱武装啊？

有回珍珠想做一个小鸟的房子，木匠爸爸问了尺寸和大概的样子，就随手画了简图，标上尺寸后，父女俩在院子里忙活起来了，先准备好几块木板，小木匠珍珠在木板上分别照尺寸画线，戴上棉线手套，拿起手锯，把木板放在长椅上，左脚踩着一头固定，一上一下地开始"拉大锯扯大锯"，但是因为力气小，锯了好久也没进展，木匠爸爸在一旁指导她，锯子斜着往上拉才省力而且有效，珍珠如是实践，惊喜地说："真的呀！爸爸，这样就是省劲。"她专注地盯着锯子上下，长头发滑到一边，样子特别帅，泉泉蹲在旁边一脸羡慕地看着姐姐。

锯好木板，木匠爸爸又指导珍珠做组合工作，木板连接的地方都钉上了钉子，没用多长时间，珍珠的头一件木匠活儿就完成了，爸爸在小房子上挖了一个圆洞，方便小鸟进出，顺手刷了油漆。晾干以后，珍珠小心地把小房子挂在篱笆上，还找来干草铺在里面，等着小鸟来住。

有了那次体验，珍珠更爱动手了。秋天，老中重新搭建了院子里的露台，这回工程量更大，要平整露台下的垫土，给四角的支柱找平衡，还要把木板与合金支架用螺丝连接固定，姐弟俩争相上阵，你拿着水平仪找平衡，我用小铲子把地面修平整，支架尺寸大，两个人一前一后喊着号子抬过来。他们最喜欢用电动螺丝刀，扣动扳手，螺丝转着就进去了，不合适的时候再一扣动，螺丝又转着出来了，真神奇！不过，螺丝要始终保持垂直，不然就固定不好，上紧螺丝直到转不动，成品才会坚固耐用。姐弟俩跟着做了一趟下来，对自己的作品非常自豪和珍惜，他们在露台上撑着帐篷过家家，铺上防潮垫趴着看书，我们偶尔也会在露台来一次全家下午茶，每每这时，珍珠就会特意跟我说："看，这露台可是我们和爸爸做的呢，厉害吧？"

日本的乡下，钢筋水泥的楼房很少见，多是木头房子，乡下的房子还是从前的方式，要木匠师傅带着几个人叮叮咣咣敲打着垒起来，木匠师傅在日语中叫作"栋梁"，是个挺好的职业。城市里也有不少独栋建筑，只是建造方式更加多样，有的建筑商把一间间房子提前做好，盖的时候吊车吊起来拼装一下就好，又快又省时间。

婆婆大人说，原本他们打算让老中长大当个木匠，倒还真是没看走眼，只是老中保留着这个兴趣一路求学，没留在老家乡下做"栋梁"，碰巧成了我家的栋梁，挣钱养家全靠他。

森林覆盖率 2/3 以上的日本，大概还可以有另外一个名字"木头国"，生活中用到木头的地方实在太多了，木头房子就不用说了，木材也不少，有樟木、桐木（从前女儿出嫁要陪嫁柜子等家具，桐木的）、榉木、扁柏（用于佛堂神社等需要气氛的地方），好木材做成的佛龛来供奉先祖或者过世的人，有的人家还用桧树做的浴盆，耐温又有特别的芳香，我家的书架就是用桧木打的，木质坚硬，颜色淡淡的，木头的颜色会随着时间慢慢变深，别有一番味道。

在日常生活中，普通家庭木制家具和餐具都很多，吃喝住行，锅碗瓢盆，似乎都离不开木头，嗒嗒作响的木屐，喝冷酒的木杯子，夏天常吃的素面放在淡白色的木盒子里，简单漂亮。去温泉街泡温泉时，端着个盖着毛巾的小木盆，似乎比塑料筐更有风情，孩子们小时候最喜欢那些木制的过家家玩具，还有木马木车，如今还在家里摆着，是个不错的装饰品。

刚来日本时，还不太适应原木原色的美，买了厚重的木制餐桌餐椅，铺了好多年餐布，直到孩子们大一些才全部撤去，露出木头的真身和纹理。每天吃完饭，细心地把餐桌擦拭干净，手能触摸到它微微起伏的纹理，感觉它似乎还有生命，年轮一圈又一圈散开，细小的黑色也许是虫子或者别的动物留下的痕迹，它在空气中呼吸着，也在使用过程中渐渐沉淀下岁月的颜色。

木头真是温柔啊，夏天把木地板擦得干干净净，可以直接躺在上面，冬天开了地暖，铺块垫子、盖个毯子，就是一个温柔乡。

我家附近往山下走，还有很大一片住宅用地，在这儿买地的人很多都想盖独门独户的房子，日语叫"一户建"，于是附近有好几家木工建筑店，他们就近盖两栋样板房，平时用于展示和接业务，闲置的空间开个小小的咖啡店。木工建筑特别要展示的是盖房的木头材料，日本各地都有很好的木材，有的是熊本县的杉木，有的是岐阜县的桧木，老中认识的一个建筑师就在那里，平时给人设计房子盖房子，店里不时组织一些活动，那时他就变身为一个魔术师，据说兴趣从小学开始，他的魔术技艺高超，还经常会被一些学校或幼儿园的活动请去表演，有这样的兴趣给人带来惊喜真是不错，不像我家老中，偶尔还要给我带来惊吓。

家里以前用塑料容器装大米，有点小而且用了好久，有点破。奶奶经常从附近农户家直接买米，一大袋 30 公斤，能吃好久，我跟老中商量要不买个大一些的米桶，老中说那还是选个好木头的，然后就精挑细选买来一个桐木的米桶，桐木的好，我实在分辨不得，老中曲起手指，在木头上敲了又敲，说是好木头，他还拉开盖子探头进去闻里面的味道。

我站在一旁左右打量这个米桶，觉得有些不对劲，木头是桐木原有的颜色，很白，盖子很大，凹下去的盖子由两块薄板组成，靠前的这块盖子可以慢慢滑开，木桶很深，很像……特别像……一个棺材，弄得心情很是不好了一阵，要做饭，得拉开"棺材盖"进去舀米，就一肚子气。可是这个米桶据说还不便宜，暂时不能扔，有一天我想不如让孩子们来"施法"，把米桶加工一下，涂个颜色画点花是不是能好点，可是想到认真的珍珠一定会超级细致地在上面画花，感觉更像给棺材刷漆画图，还是算了。

我把米桶塞到厨房架子最底下那层，反正也有轮子，拿进拿出很方便，还给架子上挂了一道帘子，尽量忘记它的存在。不过，过了一阵我就忘了"棺材"这茬儿，每天推开盖子舀米，也忍不住探头进去闻一闻，刚去了皮的白米粒，混着若有若无的桐木香，很好闻。

生活总是一个惊吓，接着另一个惊吓。

我发现老中在看一本书，《如何在乡下 DIY 一个木屋》，就知道远方还有一个惊吓在等着我，志向高远的老中，计划将来把乡下奶奶的房子改造一下，如今房子前面有房，视线不好，他打算把房子整个架起来，高出一层来，这样就可以听到水声看到河边的稻田了。够高吧？奶奶家离大阪 400 多公里，退休后要去那儿住的话，也够远，爱木头的男人，志向就是这么高这么远，只是，到时候我要不要跟着去呢？

06

有个女儿是件很神奇的事

　　周六去加班，早出晚归很是辛苦，我下定决心周日一定要好好睡个懒觉。然而，在"马不吃夜草不肥"的冬天，睡得过多也是一个问题，早上快 9 点了，我被活活饿醒，扭头看两边，儿子泉泉还在酣睡中，女儿珍珠已经睁开了眼睛。

　　"啊，妈妈好饿啊！可是还想睡觉！怎么办呢，珍珠？"我跟珍珠撒娇。

　　珍珠一向没有起床气，睁眼就来精神："那……我去给妈妈捏个饭团吧，等着啊！"她掀开被子，"噔噔噔"地下楼，几分钟后，端着木托盘上来了，"妈妈，你想在哪儿吃？地毯上，还是床上？"这个调调好熟悉，是平常姐弟俩偶尔撒娇要求在楼上吃早饭时我的台词，纵容别人就是为了能有纵容自己的一天，我简单洗漱后重新爬上床，靠在床头，那就奢侈一下，在床上吃吧。

　　珍珠捏了两个小饭团，热热乎乎，还泡了杯红茶，吃着喝着，我问珍珠吃什么。"我让爸爸给我烤面包煮鸡蛋呢！"珍珠说，她有自己另外撒娇的方式。老中的早餐呢？是我每天必买的各种面包，总是储备充足。和谐家庭就需要这种连环相接的彼此支撑，我选择你，你选择他，他再选择我。

泉泉被我的饭团香气吸引着也睁开眼睛，爬起来抢走一个后，要下楼去玩儿。

"起来吗，妈妈？"泉泉问我，我摇摇头，说要睡懒觉，不睡到 10 点怎么能算懒觉？

10 点了，我终于在一个重大决定中爬起来，难得的休息日，我要好好放松一下自己，蒸两锅包子！在被窝里我都想好了，我喜欢吃馅儿，要蒸一锅白菜肉馅儿的包子，去菜店买一棵新鲜的大白菜，"咔咔咔"菜帮子切丁，再切点杏鲍菇丁，买新鲜的黑猪肉馅儿，再烫些粉条切小段，蒸完包子后，还想煎一锅金黄底、嘎嘣脆的水煎包，多好吃啊，要吃就一次吃够，省得老惦记。

起床后神清气爽的我下楼推开客厅门："今天我要蒸包子！谁跟我去菜店买东西？骑车去？"

泉泉在地板上排列着他的忍者乐高系列，聚精会神地布局打仗，不去。园艺师冬天没什么活，老中在院子里用高压枪清洗地砖，棕褐色的地砖慢慢显出原来的土黄色，他成就感满满地指给我看，当然也不想去买菜。沙发上看书的珍珠高举着手，我去我去！

10 岁的珍珠开始蹿个儿，加上腿长，她觉着自己的紫色小单车幼稚，改骑老中的黑色山地车，那个冬天她还着迷于穿我的衣服，毛衣和羽绒服类我们都可以共用。星期天的路上人很少，可以并肩骑车，我们穿着类似的羽绒服、仔裤球鞋，天气晴朗，风虽然很冷，骑车却很舒服，我和珍珠边骑车边聊天，看到路旁灌木上圆滚滚的树莺在啄食果蜜，就停下来看一看，突然感觉像回到了总在自行车上的中学时代，而这个骑车的同伴是自己的女儿，真是奇妙。

买菜回来，我在厨房和面弄馅儿，珍珠和泉泉开始看电视，他们反复看的是 NHK 关于人体的科教节目《人体》，节目中说大脑不是绝对的统治者，各个内脏器官会互相交流信息，肾脏是决定寿命的关键器官，脂肪居然能控制大脑和免疫系统，充满钙质的骨骼才是永葆青春的秘诀，看不到的人体内部有那么多未解之谜，多么让人着迷。诺贝尔医学奖获得者山中伸弥教授做讲解很有趣，他很谦虚地说自己不懂的东西还有很多，制作一个小时的节目，他至少要学习 20 个小时以上，姐弟俩特别佩服和向往。

细褶白胖的包子们整齐地排在托盘上等待发酵，姐弟俩的电视也看完了，老中招呼她们出去玩儿，别老在家里待着，提议他们 3 人照例出去骑车，顺便买些冰激凌回来："差不多一小时回来，妈妈的包子也蒸好了。"我从窗户看见父子 3 人的自行车前后下了坡。

快 3 点了，三屉包子等着落气，听着他们骑车回来了，泉泉把一大塑料袋的冰激凌码在冰箱里，珍珠则拿回来一小袋艾草，是他们在路旁空地上采回来的，打算晒干了做草饼。

包子，大包子，白白胖胖，又香又烫，我们一人端着一个小盘子，开始吃，老中坐在摇椅上，看到我拿出老陈醋，赶紧跑过来竖起包子让我往里舀了一小勺，珍珠也凑过来闻："这个醋好香啊。"到底是有山西人的基因。一不留神，老中已经吃了 4 个包子，闷声不抬头的珍珠竖起手指："我吃了 3 个了！"我只吃了俩，留着肚子继续做水煎包，继续吃，一个都不能少。

然而终是吃撑了，等姐弟俩写完作业，得去遛遛食，去哪儿呢？我想起周六回家在电车上看到附近商场的打折广告，要不去那儿逛逛？再提议，仍是珍珠热烈响应，于是快 5 点了，我们娘俩又换了衣服出门，除了我的裙子拉不上拉链，把打底毛衣拽出来仍然拉不上。

周日黄昏的商场，人不多不少刚刚好，边散步边欣赏着店铺的橱窗布置，啥也不买也很开心。珍珠去喜欢的卡通周边店看了看，我们去看家居店里的各种桌布和盘子，给开始发育的珍珠买了新内衣，看到了店里各种性感的内衣，珍珠有点不好意思，我觉得自己是不是需要哪天买一套示范给珍珠看看。我在某品牌店买到了一条喜欢的裤子，珍珠在店里来回看，穿着宽松毛衣露着半个肩膀的店员笑着说，小妹妹对时装有兴趣吗？那个阶段的珍珠着装比较偏男生，基本都是裤装，因为要骑车、要上树，裙子已经很久没穿了。

从店里出来，珍珠眼睛一亮，外面有一家 Baskin-Robbins 冰激凌店，珍珠下午和爸爸骑车出去时本来想去常去的那家，时间不够没去那么远，没想到在这儿可以满足一下，我们两人要了一种冰激凌加汽水，你一勺我一勺地分着吃，周围有情侣，也有高中男生组，珍珠笑着说："妈妈，感觉我们像在约会呢。"是啊，凑着头分食冰激凌、聊天儿，感觉像逃学出来和男朋友约会的高中生。吃冰激凌这事是我们两人的秘密，不要告诉泉泉，他会吃醋，可以偷偷告诉爸爸。

我告诉珍珠，等你上中学了，可以和好朋友来玩儿、来看电影，可以和妈妈来约会，当然也可以一个人来逛，像这样来换换心情也不错。珍珠低头偷偷笑着，不知道心里是不是已经有了约会对象。她突然说，妈妈我想要一件大衣，要小时候穿过的那种深灰的样子简单的，总穿羽绒服和毛绒外套，大衣会比较利落，我说好啊，看到了就给你买。

逛了一个多小时，我们就回家了，周一还要工作上学。

晚上洗完澡，珍珠照例挑了故事书让我给她讲，泉泉有时候凑过来听，更多的还是在把玩儿他的乐高玩具，关灯后没一会儿，我能感到珍珠拉着我的小手慢慢热了，也褪去了气力，松开了，女儿睡着了，黑暗中我凑上去看，她的睡容和小婴儿时候一样。

有个女儿是件很神奇的事情，尤其是我的珍珠，她在身边的这个星期天，早晨我是个赖在被窝里耍赖的孩子，买菜时是骑车出去玩儿的中学生，逛街、吃冰激凌时是逃学约会的高中生，也是讨论性感衣着和时尚的女人，和女儿在一起的一天，能体验好几种人生片段，而到了晚上，进入梦乡的她又褪去所有，还原为我的孩子。

陪着她长大是个多么有趣和神奇的过程啊，我很享受。

07

"意大利款"儿子

有天看电视节目里说到某个家庭和睦的艺人像意大利男人，晚上我在浴室外找东西，听见里面的父子俩聊天。

"爸爸，为什么说那个人像意大利男人？"

"意大利男人有特点啊，长得帅，幽默爱讲笑话，擅长表达爱意，爱妈妈，没钱。"

"哦……"

"欸？说的不就是你吗，儿子？"老中恍然大悟似的对泉泉说。

过了一会儿，泉泉洗好出来，换上我放在地暖地板上的衣裤，浴巾还围在肩上，跑到在厨房收拾的我旁边："妈妈。""怎么了？""低头。"我俯下身，他撩开我的头发，凑上来在脸上亲了一口："谢谢妈妈给我准备睡衣！"儿子刚洗过的头发湿漉漉的，小脸蛋泡得红扑扑的，大门牙虽然有点歪，那也是妈妈眼里的帅儿子，我抱住他，想起老中说的，不禁"噗哈哈哈"笑了出来，啊，"意大利款"儿子。

孩子的样貌好看与否，没有客观的评判标准，当妈的总觉得自己的孩子最好，是被某种神秘力量加持过的。泉泉爱笑，有一双弯弯的小眼睛，长得不难看，只是母子之间的盲目怜爱有特定的秘密相连，我最喜欢看泉泉的侧脸，怀孕期间每次产检医生都给打印几张超声波照片，印象最深的就是他侧脸的那张，小鼻子那个弯弯的弧度让人特别期待他的出生，没想到他出来后第一件事是在医生手上撒了泡尿，是圈地留记号呢？还是挑战权威呢？至今是个谜。

我家姐弟俩的性格截然相反，姐姐大胆豪放，弟弟温柔内敛，从幼儿园到小学，泉泉一直都是个笑眯眯的小男孩，想想也顺理成章，有一个没事总爬树、去游乐园能连坐 12 次过山车的姐姐，作为弟弟，除了微笑，合掌微笑、拈花微笑，还能怎么样？难怪老师们众口一词地说泉泉同学一出场，周围总是彩云缭绕、气氛祥和、阿弥陀佛，他不吵架不打架，但是特别善于劝架，也许有天秤座的神秘平衡力量。

泉泉在班上总是很有人缘，秋天爱穿一件有亮片图案的衣服，亮片正面是一个颜色，整个胡噜到反面是另一个颜色，为此课间休息常有同学上来胡噜他的亮片玩儿，甚至排队。有段时间总带着小青蛙上学，课间接待给小青蛙带食物的同学们，他在小青蛙箱子上贴了一张纸条"我怕吵，请大家排队并保持安静"，也不知道到底是青蛙吵，还是孩子们吵。因为发烧最后一周没上学，老师给带回来好几封班上小女生给他写的信。"让泉同学看着偷笑吧。"老师笑着说。

会表达也是泉泉的一个本事，尤其是对女性，不知道是不是天生的。我们回奶奶家，返回那天奶奶送我们在车站等车，车快进站时，他转身张开手拥抱了一下奶奶："奶奶，你一个人，要保重身体哦。"一向洒脱的奶奶笑着紧紧搂住他，眼圈红了。

亚洲文化讲究内敛，忘记以前从哪里看到过这句话："心里也许藏着一个海洋，流出来的，只是两颗泪珠。"日本似乎比中国还要含蓄一些，说到爱意表达，一般只用"喜欢"，最高也就到"最喜欢"（日语是：大好き），"爱"这个字很少听到，我们家则大力鼓励表达，夸张的肢体表达也鼓励，哪个孩子不喜欢紧紧的拥抱和满眼的喜爱呢？大人也一样。

都说儿子缠妈妈，有时候觉得泉泉就像电影《赛车总动员 2》里的那个意大利法拉利赛车 Francesco Bernoulli，对妈妈从来不吝啬表达爱意，拥抱啊亲脸啊夸奖啊，每天出门前都在玄关等着妈妈亲一下才走，实在来不及还得飞一个。泉泉最喜欢的人排行榜上妈妈暂居首位，只要是妈妈吩咐的活儿，都毫无怨言，马上去做，收拾玩具、打扫房间、刷浴缸，都是哼着小曲完成的，也不是为了单纯让妈妈开心，而是因为这个家是大家的，每个人都有做家务的义务。

也有出奇招的时候，有天晚上我在书房看书，泉泉过来叫我睡觉，他温柔地说："书可以明天再看，现在跟我上楼睡觉吧，我的小猫咪……"我就像被施了魔法一样，放下书，乖乖地跟他走了，那一刻想到了法国著名的图书《小王子》，平日里我觉得自己是小王子，孩子们是被驯养的小狐狸，而此时我仿佛变换成了小狐狸，请求泉泉王子："请你，驯养我吧。"你瞧，养儿子和养女儿不一样，像是个互相驯养的过程。

不只对妈妈如此，我和绘画班的桑原老师聊天，她说有天在公园碰到泉泉，泉泉问好后让老师等一下，然后飞也似的跑到公园小山上摘了一个大松果回来，歪着脑袋递给老师"给您一个礼物"，老师心都化了，给我看在玄关摆放了好久的宝贝大松果。

将来哪个人会是泉泉的 the one 呢？

和爸爸的感情交流就比较男人化一些，爸爸每天出门前都会和泉泉击掌，用力的泉泉有时会占上风，又难免被爸爸顺势抓住手心挠一挠，挣扎一番笑着跑开。晚上睡觉前，泉泉站在爸爸身上踩背、按摩，调侃爸爸两头矮中间高，大肚子像富士山。去泡温泉时，不管冬夏，泉泉总是喜欢在凉水池里几进几出。老中带姐弟俩骑车探险，他和珍珠骑着电动自行车，泉泉骑着普通山地车，跟着他们上坡下坡一点也不抱怨，最后满头大汗回来，只是喊着："妈妈，快！冰激凌买回来啦。"那是他最爱吃的，每天一个不能少。

没有钱，就不用说了，好像也不需要太多的钱，公园、图书馆都是免费的，上小学以后玩具似乎也买得越来越少了，每年无非是生日、圣诞、新年能收到礼物，每次都是乐高，拼起来的过程就很享受，拼好之后更是爱不释手，最喜欢的两个龙每天都在玩儿，晚上睡觉时也要宝贝似的拿到楼上，早晨再拿下来，能连续玩儿好几个小时。

每年五一我们都可以利用年假串个长达9天的黄金周，其中一两天小学却得正常上课，于是我和老中经常利用这宝贵的机会单独出去吃饭，不知何时被珍珠知道了。珍珠问："我们上课的那天，爸爸妈妈是不是又出去约会了？"老中说："是啊，因为爸爸爱妈妈。"

泉泉在一旁恍然大悟："咦？原来爸爸也是个意大利男人呀。"

08

制造与每个孩子独处的机会

🪴

　　每个周日下午 6 点都会准时播放的动画片《樱桃小丸子》，没有英雄，没有曲折的情节，没有悬疑，只是小学三年级的小丸子及家人、同学的日常生活，平常又可爱，从漫画杂志到动画片，已经持续了将近 30 年，称得上是日本的国民动画。

　　我印象最深的一集却不是关于主角小丸子，而是那个六年级的姐姐。动画片里姐妹俩住在一个房间，一起上学，小丸子在家里最小又深得爷爷奶奶宠爱，也知道如何撒娇，相比之下，姐姐就显得有些"小大人"。那集里，姐姐看到小丸子扑到妈妈怀里求"抱抱"，心里很是羡慕，却因说不出口而情绪低落，妈妈注意到了这一点，特意制造母女独处的机会，拥抱了姐姐，第二天姐姐满面笑容出门了。

　　每个人都渴望特别的爱，孩子们也不例外，而客观地说，对于有两个以上孩子的家庭，忙碌的工作和生活之外，能和每个孩子独处的机会确实很难得，我家就是这样。

　　珍珠独占爸妈的日子不过短短的两年，有点模糊的记忆开始，身边就总是有这么一个弟弟，黏人的、可爱的又时而有些小脾气的弟弟，小时候还能偷着打一下，而后日渐力气大起来也不能轻易动手，但是去哪儿还都要跟着，珍珠小小的心里一定有郁闷的时候。

泉泉幼儿园大班时第一次参加集体宿营活动，要在外面住一天，活动日期确定以后，珍珠比弟弟还要激动，弟弟不在家，爸爸要出差也不在家，可以独自霸占妈妈，可以享受自己的生活，这一天来得太不容易了。

幼儿园的活动是周五和周六两天，周五我们要上班上学，只有晚上的时间可以有效利用，希望可以叫好朋友小美来家里过夜，但是又希望和妈妈单独活动，计划了半天最后决定，当天放学后和妈妈单独出去吃顿饭，邀请小美晚饭后到家里，两人一起玩儿到第二天中午解散。我和小美的妈妈邮件电话沟通了几次，本来周六一早小美还要去踢球，早饭以后就得走，好不容易孩子们在一起，小美的妈妈就替她请了假，周六的足球课外班不去了。"让孩子们好好玩儿吧。"这是我们当妈妈的共同心声。

小美是珍珠幼儿园时期的好朋友，她们连续 3 年都是一个班，我们住得很近，小朋友们飞奔着跑过来或者跑过去都用不了一分钟。小美是家里三姐妹的老大，妹妹和泉泉同岁也一直同班，所以他们总是在一起玩儿，还带着最小的妹妹，不是窝在我家的客厅就是在小美家宽大的院子，或者一阵风似的冲到附近的公园，回来一身泥或满身土，那里有他们永远在建设中的秘密基地。

周五下午，珍珠放学先回家，等我下班回来，我们先去约好的牙医做定期检查和清洗，她不害怕牙医，就是对机器的声音有点抗拒，我站在旁边，她做作地皱着眉头，撒娇拉着我的手，等一切结束后，她得到牙医奖励的一支铅笔，咧着嘴笑了。"妈妈，其实一点也不疼，我也不害怕，就是想拉着你的手。"她主动暴露了真相。

　　从牙医出来我们去吃饭，珍珠喜欢吃小火锅，我们娘俩慢条斯理地吃了一个半小时，吃了大概 8 盘牛肉、3 份蔬菜拼盘，还有各种煎饺、薯条、毛豆之类的周边，撑得不轻。

　　8 点前回到家，珍珠忙着打扫房间，用吸尘器吸了地，擦了桌子，把玩具也收拾好。门铃响了，小美妈妈送她过来，两个小朋友像久别重逢似的抱在一起，全然忘记早晨去幼儿园送弟弟妹妹时她们两个刚见过面。那一阵日本最流行的动画片是《妖怪手表》，小朋友人手一只玩具手表，把千奇百怪的妖怪牌塞进手表里，就能"看到"各种妖怪，男孩子们尤其喜欢。珍珠和好朋友先打开电视看了每周五播放的最新妖怪，又把弟弟收藏的妖怪牌一个个拿出来玩儿了一遍，反正弟弟不在家。

　　快 9 点了，两个小朋友在我的催促下去洗澡，珍珠特别嘱咐："就我们两个哦，我们自己能洗头。"之后的半个小时内，远远地听见浴室里隐约传来的嘀嘀咕咕的说话声和笑声，或许还提到了二年级四班和五班哪个男生最帅。洗完澡出来，她们各自擦着长头发，珍珠说："妈妈，我们用了你的洗发水和护发素，看，头发多滑，香香的！给我们沏壶红茶吧，我们一起吃小美带来的点心。"睡觉前摄取高热量会发胖的，孩子们你们知道吗？不过她提议的这个搭配对妈妈来说是无比的诱惑，我也来了一块点心。10 点多了，终于上了楼，又凑在一起看杂志、看书，你一句我一句地念完一本书才舍得去睡。

　　第二天早上起来，两个穿着睡衣的小朋友面对面坐在大餐桌旁，聊着天吃了早饭，之后的几个小时里，她们在门口跳绳、踢球，在家里一起看会儿电视，又骑车去图书馆看书，抱着借回来的十几本书，度过充实的一上午。

午饭前，小美背着包恋恋不舍地回家了，珍珠吃完午饭去上钢琴课，我们回到日常的周末。出门前她说："妈妈，我太开心了！昨天真是特别的一天！对了，弟弟几点回来？我和小美约好下午一起去幼儿园接弟弟妹妹！"她们自己玩儿得开心也没有忘记弟弟妹妹，然后呢？"然后我们几个接着去公园玩儿！"对孩子们来说，玩儿才是一件没有终点的大事业。

从那天起，这个"特别的一天"的习惯一直保留下来，姐弟俩长大的过程中，哪怕只是短短的几分钟，哪怕只是开车接送时小小的空间，我都会尽量制造和每个孩子单独相处的机会。知道自己是特别的，才会有更宽阔的胸怀去接纳彼此并互相支持，所谓兄弟姐妹，便是这样的存在。

09

如何让孩子静下心来

🪴

在日本外出吃饭或坐电车，总能看到安静的孩子们，很少见到有大吵大闹的。我每次带姐弟俩回国，也不止一次被人问，怎样才能让孩子静下心来，像你家的姐弟俩一样？孩子的活力是天生的，但孩子也是可以享受安静的，只需要家庭来调制一支"静心"口服液。

静心与否，在于培养孩子的专注力和情绪控制。暑假回国期间，有天带着姐弟俩在商场玩儿，珍珠给石膏像涂色，泉泉在一边玩儿新买的悠悠球，碰到带侄女来玩儿的老同学，那小女孩比珍珠小一岁，也要涂石膏像玩儿，我们在一旁聊着天陪着。珍珠本身就喜欢涂色和做手工，还会考虑到颜色的晕染和深浅搭配，坐下后，从背影就能看出她的专注，涂一会儿停下来看一看，想一想再继续，直到完成。而旁边的小女孩坐得一点也不踏实，左看右看，使劲挤出很多颜色，大刀阔斧地刷到石膏像上，没过几分钟就宣告完成了，然后就拉着老同学要走，指着泉泉手里的悠悠球："给我买一个这玩具！"老同学苦笑着说，这孩子就是坐不住，而且看见啥想要啥，买了也不玩儿，又惦记着下一个了。

老同学弟弟弟妹都忙，平时她帮忙接送，那几天弟弟夫妻回乡下老家有事，她就帮着带几天，也只是照顾生活起居，其他的说也说不得，说了孩子也不听。

在姥姥家两周，虽然换了个环境，姐弟俩还是继续着他们平常的生活节奏，姥姥姥爷说要什么都给买，姐弟俩说什么都不需要，他们有自己的小目标和期待，不贪心。珍珠想去水上乐园玩儿水、去充气城堡上使劲蹦一蹦，再涂两个石膏娃娃；泉泉要买几个奇趣蛋，有个和表弟一起玩儿的玩具、再抓几个娃娃就足够了，都花不了多少钱。

孩子知道自己想要什么，并且能体会那种满足感，就是他能静下心来专注某件事的最大原因，不管是玩儿还是学习，这其中有个确立自己的目标和制定规则的过程。

"隔代亲"这个词我们都熟悉，在日本也是一样的，日文中有一句说老人喜爱孙辈的话直译过来是"放在眼睛里都不疼"，跟我们常说的"含到嘴里怕化了"的宠爱类似。

想起刚到日本时听同事讲过的一件事，他家幼儿园的孩子回老家，孩子爷爷带着去便利店时，爷爷让孩子自己挑，孩子左转右转，虽然眼睛还停留在货架上，手里却只拿了一小盒巧克力。

爷爷说："有喜欢的再拿呀，爷爷给你买。"

孩子摇头："就想要巧克力，一个就好了。"

爷爷摸摸孩子的头："新年呢，想要什么爷爷都给。"

幼儿园的孩子还是摇着头，看着爷爷鼓励的眼神，斗争不过，哭了出来："不要，我答应爸爸了，出来只买一件东西。"

眼泪和承诺，哪个更重要？无比宠爱孙子的爷爷，尊重孙子和爸爸的约定，只买了那盒巧克力回家。

能否自己教育孩子是对父母最大的考验，而制定适合自己的家庭规矩更重要。身在国外，一直都是自己照顾和教育姐弟俩，有时候我也很羡慕国内的大家族模式，可以互相照顾，你帮我接下孩子、照顾几天，或者可以长时间托管在亲戚家。但是这种复杂的关系中，能做到的就是衣食住行，遇到孩子教育上的需求时，就没有可参照的执行规则了，哪些话说得说不得，要不要管和孩子听不听都是麻烦，最终采用的便利手法就是"孩子你听话，给你买东西"这样的物质交换。

物质过于丰富就不会珍惜，物质本身成了为了选择的选择，也就失去了意义，宁可物质少一些。姐弟俩从小到大，每年有 3 次收礼物和买东西的机会，新年、生日和圣诞，其余时间他们基本上不会提要求，有期待才会满足，满足后才会珍惜，这个过程很重要。日本小学有这个教育环境，教育孩子们如何保护环境，如何利用旧物，也教他们如何节俭生活。学校组织春游秋游时，满超市都是拿着计算器的孩子，零食的预算花费不能超过 200 日元，孩子们都不会超标。

而不用花钱的简单娱乐很多，平时放学后，姐弟俩总是骑车和小朋友去附近的公园玩儿，奔跑着玩儿"捉迷藏"之类幼稚的游戏，却最锻炼身体，玩儿累了再回家写作业，两不耽误。幼儿园时孩子们用牛奶空盒做过很多玩具，小学改成玻璃瓶装的牛奶后，泉泉的爱好是收集牛奶瓶上的纸制瓶盖，只是个白色的小圆纸片，他在背面的空白处画上各种卡通画像，装到一个小纸盒里玩儿抽签游戏，小朋友们玩儿得不亦乐乎。

当然想要静下来，还需要有安静的环境，让孩子习惯。如果大环境就是吵闹的，早起 6 点就大声聊天的施工队，响一天的钻头和铁锤，一塞钢镚就大叫"爸爸的妈妈是奶奶"的摇摇，晚上的广场舞，再加上大音量的电视，外放的手机，孩子们不受影响才怪。

　　泉泉最喜欢钢铁侠，买了一个可以遥控的小玩具，装上电池突然放声高歌："我是钢铁侠，啦啦啦……"泉泉马上把声音关了，他最不喜欢这种带音乐的玩具，能关就关，不能关掉就把电池抠出来。旁边的小表弟不解地问："为什么要关音乐，多好听呀。"泉泉皱着眉毛说，太吵了。小表弟的很多玩具都是带响声的、会闪光的，在这样的环境下要保持安静实在是太难了。

　　其他的，就是平常培养孩子们的独处方式了，有时候孩子并不需要大人一直的陪伴，有个自己可以随时投入进去的兴趣爱好的话就能享受独处的安静。姐弟俩都喜欢看书画画，不管去哪儿，背包里都背着书和文具，不出去玩儿的时间，他们坐在桌前画画，写暑假作业，不想午睡时，我们就一起出去散步，不无聊也不闹。有次我们坐的国内航班晚了，在机舱内等候的 3 个小时里，珍珠和泉泉从各自的书包里掏出漫画书开始看，看完还没有动静，又从书包里掏出纸笔，吃着棒棒糖照着漫画书画画，他们都有独处和排遣时间的方式。

　　《庄子》有云："虚则静，静则动，动则得矣。"孩子也一样，并不是为了追求安静而安静，在保持天性的前提下，安静可以享受专注的过程，又可以促进内心的思考，在这个基础上再去行动会更有效果，这才是所谓的"动静相宜"。

10

妙用定时器做时间管理

"嘀嘀嘀，嘀嘀嘀……"

在露台上听到厨房里冰箱上的定时器响，我正准备进屋，隔着玻璃看到客厅正在玩儿乐高的泉泉跳起来，敏捷地跑进厨房，关了定时器，并且回身关了灶台的火，他从厨房出来，看到在外面张望的我，冲我做了个 OK 的手势，炉子上在炖肉，看来已经好了。

在家做饭常会用到定时器，尤其是炖菜或者煮东西，几分钟到几十分钟，摁下定时器吸在冰箱上，就可以稍微离开一会儿，有时候我不在房间，就喊姐弟俩帮忙，久而久之培养了两个熟练的小帮手，听到厨房的定时器响，他们就主动跑去查看。

定时器可以作为管理时间的工具，去日本的小学课堂参观，可以看到黑板上大大的定时器，每节课时间有限，课堂练习或记笔记都按分钟计，是老师教学的好帮手。在家里，珍珠写作业累了，拿着定时器来找我："妈妈，我想看会儿电视休息一下，30 分钟可以吗？"我点头同意，珍珠把定时器按到 30 分钟，放在沙发上，开始看电视，"嘀嘀嘀……"30 分钟后，她关了电视，接着写作业。

我家几乎每天都能听到厨房定时器的声音，算起来，是我家使用频率最高的电器。除了在厨房用，定时器还会出现在姐弟俩手边，更多的是在家庭教育主战场——书房。厨房定时器简直就是个辅助育儿的小神器，不要复杂的，只要能响看得见就足够了，而且便宜，百元店买的，一根冰棍的钱都不到。

需要管理时间，是因为不同年龄段的孩子，时间概念有很大差别。

婴儿期只有白天和夜晚的明暗之分，甚至有的娃娃还颠倒乾坤。两三岁到幼儿园小班期间也没有时间概念，孩子只对行动感兴趣，此时与孩子交流时要尽量避免提到未来时间的计划，你告诉他"吃完午饭带你去公园"或者"等一会儿去超市"或者"后天坐飞机"，对他来说都没有时间意义，他只关心去公园、去超市或者坐飞机这些现实行动，而且说完后就意味着要马上执行，得不到实现时就会有小情绪，所以要告诉他计划时，最好选在要执行的时间前 10 分钟或者几分钟，这样不至于把自己陷入被动，被孩子一直追着："怎么还不去，怎么还不走，哇……"

幼儿期中班大班，习惯集体生活后，会慢慢形成以每天的集体活动来界定时间的习惯，幼儿园的午饭、午睡、零食、游戏都是时间的代名词，回到家晚饭、洗澡、睡前故事也能把时间划分成一个个阶段，基本上到大班，对长一点的时间就有概念了，有重要活动时、盼望生日礼物或圣诞礼物时，还会以晚上睡觉来计算时间："要睡几次觉才能等到啊？"

如今电子设备多，游戏类也多，孩子容易着迷，此时就可以利用定时器来帮助他管理时间了。暑假回家时，小外甥玩儿游戏总是管不了，大人总说，那你再玩儿 10 分钟吧，但是之后他就忙别的了，10

分钟过去了，又是好几个 10 分钟，家里没有厨房用的定时器，我就用手机设定 10 分钟，时间一到，听到"嘀嘀嘀"的声音，定时收缴，小外甥也没什么怨言，他还说："原来这就是 10 分钟啊。"家里孩子多，都想玩儿游戏，容易发生争抢，就规定好顺序，设定时间，到时间就要换下一个，比起家长恼怒的责骂，冰冷的机器更能显示公正公平和态度的坚决，暑假期间几个孩子玩儿得都不错。

上小学以后，孩子们开始接受教育，定时器就可以发挥更重要的作用了。

孩子开始学习新东西，有些也不是一下子就可以掌握，很容易产生挫败感，而培养孩子的成就感不是一味的虚夸或者过头的夸奖，而是让他体验到实实在在的完成过程，这个过程中时间的作用不可忽视。姐弟俩除了学校的作业，会做一些外面买的练习册，公立小学课业负担不重，不过最开始的基础学习还是需要反复练习巩固，每天做一页练习册。我先估计一下大概需要的时间，比如说估计需要 8 分钟，就用定时器设定时间，开始设定得宽松一些，设成 10 分钟，然后和孩子一起做，多半他都会在 8 分钟以内完成，有时候还会只用三四分钟就做完了，他赶在时间前面完成，就有很大的成就感，同时还能解决孩子磨蹭效率不高的问题。通过掌控时间，孩子们知道只要集中注意力、付出这些时间就可以完成作业，也会克服一些对作业或学习的畏难情绪。

不过这个最好是在培养孩子习惯的初期使用，还要注意使用时的态度，不要过分强调。孩子如果已经形成了习惯或者意识，就不需要每次都像监工一样掐着时间在旁边守着，不然孩子早晚要反抗，说不定在心里已经把定时器砸了几百次。姐弟俩到小学三年级以后写作业基本不用定时器，只是看电视或打游戏时适当限制下时间，周末他们可以看整部的电影，我们也爱看。

至于一些需要提高速度的学习，要背诵或者单词练习则可以利用秒表，这个在一些外语教学中也会用到。在学英语或者朗诵课文时，我一般会和孩子们一起读，我用标准语速先读一遍并记录下时间，孩子们头一次读一般都比我慢，中间打个磕巴，几十秒就过去了，不过重复一两遍后，他集中注意力再读，通常都能比我快，赶上我并超过我，是孩子们觉得特别自豪的地方，成长不也是这样吗？总有一天他们会赶上我，并超过我。

定时器不只用于学习，也可以用于休息和娱乐，孩子们喜欢看一些综艺节目，长的一两个小时也有，就让他们看一会儿休息一会儿，加上那些节目一般都给他们录在硬盘里，所以每次只看半小时左右，也不会有太大执念。

此外，还有时间的乐趣，做饭时等待比萨烤好的 15 分钟、偶尔做坏事一样等待泡面的 3 分钟、煮鸡蛋的 8 分钟、烤好秋刀鱼的 9 分钟、舔着面糊等蛋糕烤好的 20 分钟，只要等，总是有美味享受。

当然，育儿过程中不是只养育孩子，家长等大人也需要时间管理，摁下定时器一个小时，不许看手机！

11

小鬼渐当家

一直当家长，偶尔和孩子们互换一下角色，是很特别的体验。

暑假大概是小学生家长最为烦恼的事，日本也不例外。公立小学一般都设有放学后的托管班，叫"学童班"，父母都工作的话，每个月交些费用，就可以把一到三年级的孩子放在校内的托管班，平时学校两三点放学，孩子可以在那儿写作业或者在操场玩儿，待到 6 点。

暑假托管班也可以去，只是托管班没有配餐，需要每天带便当，孩子们还可以带些冰凉饮品放到托管班的冰柜里，当午后零食。姐弟俩的小学孩子多，托管班有小 100 个孩子，分成 3 个班，有专门的老师负责督促写作业和组织大家做游戏，教室里铺着地垫，暑假里孩子们带去两条大浴巾一铺一盖，直接就能午睡，加上可以去学校游泳池游泳，图书室也不定期开放，假期生活还算充实，姐弟俩每天回来都说开心，也让忙于工作的我少了些自责。

只是托管班作息规律，即使是暑假也要像平时一样早早地去，孩子想睡个懒觉也不得，这样有点失去暑假的意义了，总觉得有点可怜。珍珠三年级时，泉泉一年级，我想只要把每天的日程排得充实点，中午再赶回来照顾一下午饭，让姐弟俩在家放松一下也未尝不可，于是那个暑假，两个小鬼头一次试验自己在家。

　　早晨 8 点，姐弟俩睡眼惺忪地下楼，我把早饭放在桌上，收拾好准备出门，他俩都跑到玄关送我，我说："妈妈走了啊。"他们说："妈妈你走吧。"轮流和我击掌拥抱，泉泉还凑上来亲了我一下，和平日早晨我送他们出门的程序一样，只是角色反了过来。有亲人的关心，即使平常的告别也能让人满足，我踩起高跟鞋来都格外有劲。

　　为了避免他们一直待在家里无聊，基本上每天都有一个需要出门的课外班活动，有时候是上英语课，在车站附近，走路需要 10 分钟，有时候是绘画班的暑期手工课，走路只要一分钟。上小学后就给珍珠配了一部手机，加上姐弟俩结伴而行可以互相照顾，尽可放心。

　　有天姐弟俩去上英语课，我利用午休的一小时赶回家给孩子们做饭。先预热烤箱，把超市买的半成品比萨烤上，又在炉灶上烤了鳕鱼，烤好放在买来的沙拉里，再一人冲一份海带汤，在餐垫上摆放妥当。12 点半姐弟俩一起回来，看来是饿了，抓起热乎乎的比萨就吃，我见缝插针地吃点喝点，问几句上课的情况就赶紧往外走。临走前，泉泉把他在英语课上做游戏赢的糖塞到我手里，可乐味的，我开着车，糖在嘴里慢慢融化，很甜。

　　下了班，我大喊着"我回来啦"进门，却没看到出来迎接的小朋友，珍珠听到我的声音从书房迎出来，再一看，泉泉在榻榻米上躺着，盖着毛巾被，额头上贴着退烧贴，枕头旁边放着体温计，我心里一惊，问珍珠："弟弟怎么了？"

　　"睡着呢，3 点多的时候，弟弟说累，我就让他躺着，又看他有点发热，就给他贴了个退烧贴，不过我给他量过体温了，不到 37 摄氏度。"珍珠回答。

　　我赶紧蹲下来，凑到泉泉旁边，只见小家伙脸红扑扑的，睡得很沉。我抬起他的胳膊又量了一次体温，36.9摄氏度，没事，估计是上课累了，平时的英语课都是一个半小时，暑假集中上课，连着上了两个半小时，对一年级的泉泉来说不轻松。

　　放下心来，我问珍珠怎么没给我打电话。"妈妈在上班，中午跑回来已经很辛苦了，况且弟弟也不发烧，我照顾他就好了，所以就没给妈妈打电话。"珍珠说，"平常我们不舒服时，妈妈总是让我们先躺一会儿，还在旁边守着我们，我让弟弟睡在榻榻米上，铺了垫子，盖着毛巾被，我写着作业也能看着他。"

　　泉泉后来一直睡到6点才满足地醒来，上了两个半小时课，睡了两个半小时找补，真是够平衡。

　　都说父母是孩子的镜子，平时我们怎么做，其实孩子们都看在眼里，我很庆幸自己能一直这样照顾姐弟俩，而他们两个耳濡目染中已经慢慢有了照顾自己的能力。

　　晚上吃完饭，姐弟俩把各自的餐具收到洗碗池里，珍珠站在小凳子上冲洗碗筷，泉泉接过姐姐递来的碗，一个一个倒扣在洗碗机里，又小心地倒入一小勺清洁粉，等珍珠关上洗碗机启动开关，两人又长了一个本事。

　　这样的试验重复了多次后，四年级以后珍珠不再去托管班，长长的暑假，他们自己在家待两周，回奶奶家玩儿一周多，回姥姥家玩儿一周多，就可以平安度过。而在家的日子，有时候我早上做好午饭留着他们中午加热就可以吃，有时候他们自己去超市买便当吃，到六年级已经可以自力更生做些简单的午餐，小鬼们已然当家了。

12

孩子们的赤子之心

有天下班开车回家经过幼儿园，看到路边有个小朋友使劲向我挥手，定睛一看，是每周来学英语的孩子，我摁下窗户大声叫他："雄太！"他有点羞涩地笑着。

在家里开了英语班后，有几个认识的妈妈把自己孩子送来，有幼儿园大班的，也有小学低年级的。教育年龄小的孩子以培养兴趣为主，教材设定也比较注重这一点，上课要玩儿卡片游戏还要唱歌，我和孩子们相处愉快的最大秘诀，不仅是喜欢跟孩子们在一起，更因为喜欢回应孩子们的赤诚。

看宫崎骏的电影《悬崖上的金鱼公主》，最感动的是波妞和宗介久别重逢的那个场景，波妞扔掉手里的水桶，跑过去不管不顾地搂着宗介的脖子，宗介摇摇摆摆差点摔倒。导演在一次访谈中还特意提到这个表现，说这就是孩子的爱，直接而热烈。

雄太刚 6 岁，个子也很小，每次去玄关迎他，都能看到他有点羞涩的笑脸，又有按捺不住的开心，他总是带一些东西来给我看，或者迫不及待地向我展示这一周他学了什么新本事。大班开学不久，他戴着头盔，骑着自行车，开心地告诉我："没有辅助轮哦！"我家路旁是上坡路，她妈妈擦着汗说推着他上来的。

除了自行车，他还戴了两只手表，左右手各一只。"Yuki 老师你看！左边这只是表盘，外圈可以转，右边这只是数字的，想知道时间的话，可以随时问我！"他特别自豪，上了几分钟后我问他："雄太几点了？"他看看左边又看看右边说："5 点 3 啊 50 分。"我说："好的，谢谢。"抬头看了看墙上，5 点 35 分。

玩儿卡片记单词，我不拘泥用何种方式，只用他喜欢的，开心就好了。碰到吃的用的单词，我们总是一起玩儿商店游戏，有时候我当店小二，有时候换成雄太，"雄太小二"特别慷慨，总是给我优惠和赠送，我要草莓，他送猕猴桃，我要香蕉，他送葡萄，只图以最快的速度把我手里的硬币换走。我问他自行车的颜色，他挠挠脑袋想了又想，干脆拖着我出去看了一下才回答："嗯，蓝色和黑色。"

每堂课有几分钟练习写字母，这个时间他很爱跟我说话。"那天我看见你啦！你骑着自行车冲过我家路口，没戴帽子。""我怎么没看见你呢？""我在爸爸车里呢，我冲你招手你没看见。"那是我星期天去菜店买菜的路上。

"我们体操课上学了个新动作，我练给你看！"说完，他扔下左手里的铅笔，跳下凳子侧翻了一个，又迅速回到座位上。

"幼儿园快放假了，我要去爷爷奶奶家。"雄太咬字不清楚，日语中的 Sa 行和 Ta 行分不清楚，爷爷家应该是"欧吉桑"家，他说成了"欧吉汤"家。

最后的故事时间，我们两个经常坐在地毯上，拿着人物卡片，他最喜欢《三只小猪》里的猪老三，拿着猪老三的卡片扑到我拿的大灰狼上。有时候他只是侧卧在地毯上，小手杵着腮帮子一脸认真和投入，这时候我就想起小时候姐弟俩听故事时的表情，幼儿园的孩子们真是特别小，坐在腿上，搂在怀里，能感到小小身体里的热乎劲儿，上了学，二年级、三年级忽地一下就大了。

多数做母亲的人总是觉得孩子格外可爱，坐我对面的同事阳子经常和我聊孩子。她家有个小学一年级的姐姐，还有个一岁半的妹妹在保育园，说起来孩子的可爱要分几个阶段，婴儿到学话学步之前，是一种天然的可爱，造物主是神奇的，知道这样完全不具备保护自己能力的小动物需要用一种全无防备的可爱劲儿去征服大人，不管是亲人还是陌生人，从而达到被照顾的结果。

孟子曰："大人者，不失其赤子之心者也。"日语中的婴儿被称作"赤ちゃん"（AKACHAN），或者"赤ん坊"（AKANNBO），可谓保留了这个说法，嗯，不是黄酱，也不是豆瓣酱，是赤酱。

泉泉婴儿时期我因为身体不好请过一阵保姆，有个叫镰仓的大婶经常来。她特别喜欢泉泉，每次来都推着泉泉去公园散步，有天阴天，出去不一会儿就下雨了，她打开伞让泉泉举着，自己都淋湿了，回来笑着跟我说，小小孩儿举个小伞坐在婴儿车里，真是太可爱了，她跑着回来的路上还忍不住凑过去看了泉泉好几次。

镰仓大婶自己的女儿已经成人了，就喜欢照顾小孩子，她说照顾孩子比照顾老人好，看着新生命的成长总是比陪着去日不多的暮年时光让人积极一些。

孩子们会说话会表达后，就有了孩子特有的赤诚之心，他的情绪和感情也从此开始，需要回应，上学后接触的东西越来越多，孩子们才在各种关系中渐渐学会各种表达方法，幽默的孩子，直接的孩子，内向外向的孩子，如果大人能认真倾听，都是可爱的。

珍珠上幼儿园时，经常在家里大声喊："妈妈，我喜欢你。"只是一种确认，我答应晚了，她就跑下来拉着我，仰着头看着我的眼睛说，"妈妈，我喜欢你呀。"之后无论是楼上楼下，只要我听见她喊，就同样大声回答："谢谢珍珠，妈妈也喜欢你呀！"

每天晚上睡觉前，都是我们的读书时间，也有感到累的时候。有天我洗澡晚，姐弟俩和老中先上楼，等我出来，听着楼上挺安静，想着是不是已经睡了，就乐得享受自己难得的独处时光，在楼下多待了一会儿。上楼一看，灯没关，他们三个都睡了，床头用来乱写乱画的白板上写着大大的几个字："妈妈，晚安！"看得我心头一热，孩子们一定是在热切的等待中睡过去的，没等到妈妈也没有叫嚷着催，只是写下了每天入睡前我们必说的问候，这样的爱，有什么理由不去回应呢？

在没有任何物质或外在因素介入之前，孩子的小小的赤诚的心，就是他能够给出的全部，如果一直被接受并且有回应，那么对于很多未来的事情也不会畏惧了，比如说分离。

暑假送姐弟俩去机场，他们自己坐飞机回奶奶家，我要上班，他们回奶奶家可以游泳可以玩儿，奶奶也很想他们。上扶梯时，泉泉站在我前面的台阶上，个头与我差不多齐平，他伸出手搂着我的肩膀，凑过来亲了一下，然后指着自己的脸，示意我也亲他一下，我照做了。

"妈妈，我们不在家，你可能会寂寞，要加油啊……"泉泉亲切地微笑着说。

13

孩子给予的安慰

我有个怪癖,心情不好时特别爱干活,打扫房间、洗衣服、蒸包子,干累了就好了。

有次周一下班后,我钻进厨房一通忙活,灶台喷上苏打水、用纸巾擦三遍,把炉具拿下来用洗洁精洗干净,水槽周边用鬃刷刷得亮亮的,各种调料瓶都拿出来擦洗一遍摆好,整理面包筐和孩子们的零食筐,再拿出吸尘器里里外外打扫干净。那天心情不好。

办公室秘书精神上出了点问题,好久没来上班,她先生专门来办公室向大家道歉,说打算让她长期休养。之前,悦子秘书只要来上班就不停地跟大家说话,搞得大家没法工作,有时候又脾气很大地和同事吵架,还去别的部门散发无关的促销广告,我们接到了好几宗投诉,很为难。她先生的决定让同事们稍微松了口气,办公室的气氛又轻松起来,午饭时我和阳子聊到了头一次见到悦子秘书的情景,那是在某教授的退休宴会上,她盘着头发,穿着淡绿色礼服裙,瘦瘦的,又那么美,她笑盈盈地跟我打招呼,还蹲在婴儿车旁边向不满一岁的珍珠问好,这样的她怎么会生病呢?同是工作和育儿都想做好的我们,要怎样才能避免心理失衡呢?想着想着,心里不免有些悲凉。

之前的周日，一家人早起去看荷花，泉泉让我用发胶把他的头发抓起来做成动画片里的火焰造型，倒是帅帅地玩儿了一天，睡了一觉，发现眼睛肿了，脸上也起满了荨麻疹。我一想，坏了，泉泉对美发产品过敏！上次我染完头发，他挨着我睡，第二天起来也是这样。罪魁祸首就是发胶，我非常懊悔，想到孩子要吃药抹药，又特别心疼。

下班回家，赶紧看泉泉的脸，荨麻疹下去了些，心中稍有安慰，见他们作业都完成了，便答应他们出去玩儿，姐弟俩开心地跑了。没过 5 分钟，珍珠跑回来说泉泉摔跤了，胳膊上腿上都是血，吓得我赶快出去看，把泉泉抱回来。还好，都是擦伤，胳膊肘擦伤面积大，消毒上药后裹上了绷带。看着到处都是伤的儿子，我忍不住掉了眼泪，泉泉看着自己包裹得白乎乎的胳膊，却得意地说："妈妈，我看起来像骨折的人呢！"好像骨折是件很光荣的事，让人哭笑不得。

晚上，我在厨房忙活，珍珠和我聊天："妈妈，为什么姥姥家只有淋浴不能泡澡呢？"

"泡澡费水呀，你泡一次澡要用多少水？"我问珍珠。

"大概 200 升吧，奶奶家浴缸上标着呢。"珍珠说。

"姥姥家那儿下雨少，没有那么多水呀。"

"我知道了！因为水少没有游泳池，所以妈妈小时候才没学会游泳。"珍珠恍然大悟。

"妈妈，那姥姥家铺地砖也是因为雨水少吗？地砖太滑了，去年回家我还摔了一跤。"珍珠接着问。

"是啊，因为空气干燥，不需要把房子架起来排湿气啊，你知道吗？在雨水特别特别少的沙漠里，还有泥巴房子呢，妈妈就看到过。"我说。

"泥巴稀糊糊的怎么能盖房子呢？得在里面加上稻草吧？那个建筑设计节目里说了。"珍珠大发现。

"说对了！以前的土坯房子里都会加麦秸秆或稻草末。设计房子就得综合考虑天气、环境、居住人的年龄等等条件，是不是？你看姥姥姥爷都住在一楼，奶奶家也是一楼，他们年纪大了，爬楼梯费劲。"我说道，"妈妈买的那本盖房子的书，你去翻翻吧，更有意思。"

这时，泉泉抱着他的宝贝恐龙图鉴跑过来："妈妈，你看这个霸王龙的牙，这么大！你看它拉的屁屁，哇！妈妈，你知道这个最大的阿根廷龙吗？它比3辆巴士都要长，有13头大象那么重，我们要是生活在恐龙的时代，多可怕呀！"泉泉最爱恐龙，那些拗口的英文名他都会说，跟他聊天能长知识。

"恐龙和人的区别是什么？"我问。

"我知道！嗯，人有脑子，这么大！"泉泉比画着，比霸王龙的那坨屁屁都大。

"我知道！人会说话，还会好多种。"珍珠在旁边插话。

"还有还有！人会做工具，会干很多活，还会做饭！"泉泉说到点子上了。

"可是，我好想看看真恐龙啊。"泉泉一脸向往，"那可以用基因复制啊。"珍珠接茬说："爸爸说植物和动物都有基因的，把基因提取出来就可以做一个恐龙。"恐龙哪能说做就做？不过，先让泉泉看看恐龙化石是可行的。"下次，我们一起去福井县的恐龙博物馆吧。"我建议道。

饭好了，我们仨收拾桌子吃饭，珍珠突然问："妈妈，你今天是不是有不开心的事？"

　　我心里一动，只是看到我在厨房忙碌的侧影，她也能有所察觉？我决定不加掩饰。

　　"是的，而且有好几件不开心的事。第一件，妈妈今天做了 30 多个样品，都放好了准备测试，结果实验室的液相色谱仪坏了，只好把样品取出来封上放进冰箱，不知道仪器要多久才能修好，到时候样品还能不能用。第二件，妈妈在网上买的那条裙子，M 号的，居然穿不进去！第三件，妈妈办公室的悦子阿姨，也就是诗穗的妈妈生病休长假了，妈妈觉得她很可怜。第四件，泉泉脸上的荨麻疹还没好，又摔了这么一跤，妈妈很担心。"我一口气都说出来了。

　　珍珠专心地听完，从对面的长椅跳下来，转到我这边，拍拍我的肩膀，在我的脸上亲了一下，一副怜惜的表情："那妈妈今天好可怜啊，没事儿没事儿。"她接着跑进厨房，从冰箱里拿出牛奶，给我倒了一杯，"妈妈，你喝点牛奶吧，凉凉的可舒服了，喝完能好点。"她又问我，"妈妈，你的实验样品是什么东西？放在外面会坏吗？你的裙子穿不了可以留给我吗？诗穗妈妈的病严重吗？是发烧吗？"泉泉也跳下椅子，站在桌子旁边，举着细细的胳膊安慰我："妈妈，男生就是老受伤，没事儿！你看我的肌肉，这点伤口根本不用担心。"

　　我忽然觉得特别安慰，现代生活节奏越来越快，竞争也越来越激烈，成年人的焦虑比孩子更多，而这个焦虑如何有效排解？说出来，小小的孩子的倾听也是有效果的。养育儿女总会想到孩子成人后的"反哺"，此时，他们细声细语的安慰何尝不是精神上的反哺呢？孩子们遇到麻烦或者倒霉事时我常常说："已经这样了，抱怨也没用，不如想办法解决。"现在换了自己不开心，活了几十年的人还是一样会"抱怨"，每个人都需要一个情绪的出口，而家人，无论年龄大小，能够接受这个情绪，就是最大的支撑。

实验室的仪器已经报修了，裙子穿不了可以在网上拍卖，希望悦子秘书可以恢复，虽然也许不会再回到办公室工作，至于儿子的那些伤口，小孩子细胞再生能力强，有两三天也就好了。

我把牛奶递给珍珠，重新给自己倒了一杯梅酒，我们三个开心地吃着喝着。

晚上，照例去洗澡玩儿水，小脸泡得红扑扑的珍珠问我："妈妈，你小时候想找的男朋友是什么样的？"我说："瘦瘦的，高高的。"珍珠惊奇地睁大眼睛，也许脑海中迅速出现了爸爸不瘦不高的体形："啊？是吗？"

关于爱情，那可是世界上最深奥的话题，我的闺女，以后我们慢慢聊。

14

课外班的喜和忧

人生就是时而自己、时而联合别人不停与欲望博弈的过程，育儿这个阶段亦如此。

怀胎十月的那段日子最好，唯一期待的就是孩子的健康，生出来心肝宝贝地养两年，送到保育园幼儿园，驴打滚似的经历各种花样疾病的洗礼，身子骨差不多打好了底子，教育的大旗就高高地拉了起来，加上人总是盲目相信自己有着与别人不一样的好基因，随大流地挑几条路就开始往前赶，18 年或者 20 年，真长，真短。

3 岁开始学琴，四年级参加钢琴比赛，珍珠照例没有通过预赛。我心知肚明，她每天放学后玩儿到天黑都不回家，大雨天都要骑车出去，每天能摸上 10 分钟琴就不错了，当然不可能练好。比赛那天全家一起去看，结束后，一旁的泉泉说："妈妈，弹错了两处，有点可惜啊。"我说："能弹完就不错了，不要当着姐姐面说。"依旧带着他们出去吃了顿饭回家。

参赛的曲子很舒缓，老师一直强调要慢，弹出那个气氛，珍珠做得不错，虽然技术上有失误，我还是抱着一丝侥幸心理，也许能通过预赛呢？隔了两天送泉泉去钢琴班，看到墙上贴出通过预赛的名单，看了一通，果然没有珍珠，而以前跟珍珠一个钢琴班里的好几个孩子都过了，顿时有些沮丧。

回家后忍不住用有些嘲讽的语气跟珍珠说："钢琴比赛的结果贴出来了，你不去看看吗？"珍珠摇了摇头。我说："你总说至少不想输给班上的那个男生，人家也过了呢。"珍珠低下头，不说话，开始擦眼睛。

过了一会儿，我在厨房，泉泉跑过来说："妈妈你生气了？"

我点点头："是的，妈妈有些生气，因为参加比赛的有一半都过了，而姐姐没过，有些失望。"

这时我又想起了让珍珠学琴的初衷，小时候我的乐感好，没有机会学琴，只是单纯想让珍珠多学些，而珍珠的兴趣和天分呢？珍珠性格像个男孩子，喜欢各种户外活动，最喜欢坐过山车，也有特别安静的一面，最享受的大概是看书和做手工了，音乐也喜欢慢曲子，相比较娴熟的技法，她更喜欢表现曲子的氛围，钢琴班里学的东西在学校音乐课上能派上用场，她也喜欢音乐。珍珠班上有个立志要成为钢琴家的女孩，在全国比赛拿过好几次大奖，网络上能看到她的很多表演视频，珍珠说起来只是很佩服，并没有特别向往，她说那女孩每天放学以后都要练好几个小时琴，太辛苦了，她宁愿在外面玩儿。

孩子的兴趣和天分不一样，不是所有的家长和老师都具有慧眼，平庸如我们只能在尽可能的范围内一个个尝试，如果孩子能找到是件幸事，找不到也是正常，做父母谁也没有经验，只不过家长的努力孩子看得见。

办公室同事家女儿比珍珠大一岁，也学琴多年，每周上三次课，家里专门买了架大三角钢琴，日本的房子小，大一点的房间也不过十几平方米，他租的房子不大，钢琴就占了一间，孩子妈妈经常带着孩子参加各种比赛，孩子弹得也不错，但就是从来拿不了大奖，不知道会持续到何时。

有个朋友家的孩子从小爱画画，爱化妆，上了有名的私立大学，大学毕业后没去工作，却跑到美容专科学校重上了两年，如今在做化妆师，日本每年有几场大型时装秀，她负责给很有名的演员化妆，比起中规中矩的公司职员，能以自己喜欢的事情为职业，才是幸福的。

谁知道珍珠将来会选择什么样的职业呢？那么此刻的钢琴比赛结果又有什么意义呢？

我跟珍珠道歉："珍珠对不起，妈妈刚才说话有些过分。"

珍珠红着眼睛："是的，我觉得很受伤。"

"妈妈是觉得有一半的人都能通过，而珍珠不在其中，有些失望，妈妈觉得你可以更好的。"

"妈妈，我承认是有些失误，不过那次弹得挺享受的，我对自己很满意。"

得承认，闺女的心理比我强大。

有时候常想，得跟到什么时候？以往她上钢琴课，不过 30 分钟，我常跟着去，在大厅里等她，结束后老师送她出来，常会对家长提些建议，也有责备她练习不够的情绪，我的心情也跟着不好。泉泉每年的发表会要和几个班的小朋友合奏，我得把他的那部分标上简谱都背会，并且把老师指导部分录下来和他一起练。珍珠快 10 岁了，可以放手的地方应该尽量放了，我开始只负责接送，不负责听意见和督促，让珍珠自己去面对，比赛后的第一次钢琴课也是她自己去的，回家问她老师说什么了吗，珍珠说没什么，就没再追问。

"塞翁失马，焉知非福"，谁又能知道呢？

隔了几天，我去学校参加班级活动，碰到一起参加钢琴比赛的同学妈妈，她女儿弹得很不错，当然也过了预赛，问起来，她则大放苦水说起孩子恐怖的钢琴老师。母女俩每周去两次，总是被老师训得不行，女儿在家练琴，练着练着，经常趴在钢琴上大哭，过了预赛也不是好事，复赛选的曲子更难，老师的暴风骤雨估计又要持续一个月，她跟女儿说，咱忍着吧。

钢琴班的老师一般都很和气，谁会为了这个课外兴趣和孩子较真呢？说起来，每年好几次的发表会或者比赛，多少都有些圈钱的意思，当然每年都有好的音乐苗子出现，但毕竟是少数，老师能不能遇上也是缘分。

我很好奇那个虎着脸训斥母女俩的老师是谁，是个我不太熟悉的名字，回家在网上搜了一下，最先跳出来的老师简介，居然在我们常去的那家牛排店，想起来那里环境幽雅，店里有一架三角钢琴，每天定点有人弹琴，没想到老师也在那儿兼职。

同学妈妈说那个老师总想培养出一个在大阪或者全国比赛中拿大奖的学生，也许是期望太高，自己变得有些无法控制，我无法想象简介中那个微笑的老师会冲着小女孩说："弹的什么玩意儿，这声音在大厅里根本听不见响。"同学妈妈还说，老师示范演奏中的脚踩和音部分，温柔时会脱了鞋踩，生气的时候高跟鞋直接踩，还挺吓人，这做老师和从事教育也是需要天分的。

晚上，珍珠跳完芭蕾回来，放着音乐写着作业说："妈妈，音乐就这么听着就挺好的。"

不是每个人都要成为音乐家，也不是每个人都能成为音乐家。

"妈妈，五年级以后我不去钢琴班了，喜欢的曲子我可以自己照着谱子练，网上也有演奏视频，我想再加一个运动型的课外班，网球好不好？"

好啊，结实的身体和让人愉悦的兴趣才是活着的意义吧，皆大欢喜。

15

信件里的小小友情

在日本生活过的人都有体会，同样的汉字文化圈，日本人更喜欢手写书信或卡片来联络感情。去百货店买完东西，会收到店员手写的感谢卡，每年新年，亲人朋友们互寄手写的贺年卡，《人生果实》是一对日本老夫妻孜孜不倦不紧不慢的生活纪录片，印象最深的是每次老奶奶采购食品并享用后，老爷爷都认真地给菜店写明信片，内容不过是分享菜品和致谢，却特别让人感受到温情。

这个信件交流的习惯大概源于幼儿园，日本幼儿园的小朋友就特别爱写信，即使不认得汉字，只要学会了假名，按发音写下来就足够表意，加上有各种漂亮的信纸信封，珍珠上幼儿园时经常拿回来鼓鼓囊囊的信封，内容很简单，"谢谢你和我玩儿，谢谢你做我的朋友"等说不厌的感谢，加上一些奔放不羁的儿童涂鸦，却是幼儿园小朋友们最喜欢的游戏。

上小学了，这个习惯还在，孩子们每年和课外班的老师和班上的朋友互寄贺年卡，出去玩儿时也不忘给好朋友寄明信片，而随着他们的成长，写出的文字和互换的信件又有了新的意义。

有一天我在家收拾东西，看到珍珠的书包架旁还挂着好久不用的纸袋，准备扔掉时顺手打开看了一下，里面有一封信，是珍珠一周前写给好朋友瑚南的，不知道为什么没给出去，我也知道这封信是在什么情况下写的。

那是珍珠五年级的一个周二，珍珠上完学要去跳芭蕾，之后还要去上钢琴课，是比较忙碌的一天。我回到家就觉得珍珠情绪不高，问她是不是累了，她点点头，坐在椅子上说不想去跳舞也不想去弹琴，我说要是累了就考虑只去一节课，或者都休息，扭头一看珍珠已经快哭了，嘟囔着说芭蕾最近在学新动作，有点难又累，而钢琴最近练得不多害怕上课挨呲儿……听到这儿，我知道，不开心的原因肯定不是因为上课，赶紧坐下问她发生了什么事。

那是第三回听她说起和好朋友瑚南之间的"恩怨"了，最后一节课是体育，她和另一个朋友在教室，她在收拾东西，另一个朋友说要去厕所，然后一起去换衣服，结果那女孩从厕所出来，被在走廊那头的Ｋ叫了一声，就扔下还在教室的珍珠，跑了。当然原因在那个忘了珍珠的小朋友，并不能怪罪不知情的瑚南，但珍珠很受伤。

同样的事情其实前一阵也发生过，不过当时是珍珠不对。小学运动会的准备期间，珍珠每天忙着参加声援团训练，好朋友瑚南来找她玩儿时，她正和声援团的其他成员在一起，不知道出于什么心理，她没有回应好朋友，甚至选择了无视好朋友的存在。之后她收到瑚南写来的信，抱怨珍珠不理她、忽视她，珍珠回信道歉，解释说当时太忙了，运动会结束后两人还经常一起玩儿。

这才是珍珠哭得伤心的另一个原因，在自己经历了被无意中忽视后，才想到前一阵好朋友被自己无视的感受，她说："妈妈，我才知道之前自己做得很过分，当时瑚南多伤心啊……"我知道她是真心的。

我们常教孩子人际交往中的"换位思考"，但他们在幼儿期间很少能做到，而说多少次都比不上自己感同身受来得有效果，珍珠的眼泪中更多的是自责，又有对好朋友和别人的嫉妒，以至于生气，气自己气别人，又不知道怎么排遣，此时特别需要家长的引导。

小学和中学，孩子们间的友情很大程度上取决于居住环境的周边，个人兴趣爱好之类的因素体现得并不多。我小时候和住在附近的彩霞一起上下学，一起探险，中学后她回老家了，初中三年，几乎都是自己一个人走路，有时候中午去半路的同桌家叫她一起走，但是下自习回家总是一个人，那时候特别羡慕同桌，那一片住的人多，可以三五个女生一起热热闹闹地回家。而高中大学以后的朋友才纯粹是同好的彼此吸引，也因此这友情才能一直持续到现在。

日本的小学出于安全角度考虑把孩子们按住址划片，对通学路径规定得很严格，离得近的孩子上学放学都是一路的，客观上一起玩儿的时间就比较长。我家所在的社区都是独栋建筑，孩子比住公寓里的孩子要少很多，和珍珠同龄的女孩更少，幼儿园时玩儿得好的朋友，上小学后通学路径不一样，是没法改变的现实。

我很能理解珍珠渴望友情的心情，四年级之前，因为我一直上班，她放学后还要去学校的托管班，刚开始的两年总是孤零零地一个人回家，四年级以后，放学后时间可以自由支配，她才迁就好朋友的情况，总是跑到好朋友家附近的公园玩儿，五年级一起玩儿的朋友越来越多，我们出去旅行时总是给每个人都买礼物。小朋友之间互赠礼物最多的是卡通钥匙链，挂在书包带上环佩叮当，很是可爱。我很欣喜地看到珍珠能体谅别人，多为别人着想在以后的接人待物上肯定会收获更多。

　　不过，我告诉珍珠，能体会到之前好朋友的心情是好事，但是不要过于自责，不是所有的责任都在自己，有时候无心也会伤到人，但谁能做到完美呢？芭蕾课和钢琴课都可以不去，但是不要过于沉浸在这种情绪中，寻找些转换心情的办法。我让她吃了点东西，问她要不要自己待一会儿，她说不用，想给好朋友瑚南写信，写完后可以画画，那是她什么时候都喜欢的事。

　　也许是特别有感受吧，珍珠拿出信纸唰唰唰很快就写了好几页，叠好放进信封。那天最终选择了不去跳芭蕾，珍珠自己跑到超市买了些做手工的原料，回家做了会儿手工，吃完饭，她照常去上钢琴课，没事了。

　　那封信和给瑚南的小礼物放在桌子上，我收进袋子里时看到信封上画着一个趴在椅子上哭泣的小人儿，旁边有几个泡泡对话框："我怎么能无视朋友的存在呢？""我真是差劲啊……"充满了自责和沮丧的气氛，也有两个拉着手一起玩儿的小人儿，对话框里写着："下次还一起玩儿吧！"又让人期待，不知道那里面的几张信纸上都写了什么。

　　之后的几天，珍珠还是放学后就去找好朋友瑚南玩儿，其间小学组织参观上课，我看到她们两个像以前一样课间凑在一起玩儿，似乎一切都正常。

　　等到放学后又在公园玩儿到天黑才回家的珍珠，我拿出那封信问珍珠要不要处理掉，她看了一眼说："妈妈，那封信写完后我又看了一次，觉得太情绪化了，直接交给瑚南的话，说不定会吓到她呢，但是我把那天的经历和心情跟她说了，所以就没事了。"她一笑又说，"不过妈妈，我发现除了画画和手工，把情绪用文字写出来也是个发泄的好办法呢，写完后我就轻松了很多。"她把那封信撕掉扔进了垃圾桶。

　　看起来，珍珠和好朋友瑚南的友情经历了理解和沟通，又巩固了不少。孩子虽然小，也需要人际交往和自我成长，能换位思考并理解对方的处境是对外的，能排遣和消化自己的情绪是对自己的，孩子的健康成长内外两方面都需要，从另一个角度来说，这封没有给出去的信也可以说是珍珠写给自己的信，这封信让我们珍珠又多了两个本事，会受益一生。

16

孩子的挫折和愿望

六年级暑假前，晚饭时珍珠说，秋天小学运动会声援团的团长人选定了，不是她。我有点担心地盯着她的眼睛看，她噘了下嘴的表情有点失落，但也不是特别难过。"那副团长呢？"我问。"团长是六年级的，副团长只能是五年级的。"她说。运动会的声援团只限于高年级孩子，五年级积累经验，六年级才能挑大梁，珍珠很喜欢这个工作，五年级时便毛遂自荐成为一员，准备期间积极认真地准备，运动会当天更是嗓子都喊哑了。升入六年级后一直念叨着要争取当上团长，团长可以在全校师生前挥舞旗子吹哨喊口令，太帅了。

愿望没有实现，一定很失望了，没等我想好安慰她的话，珍珠自己说了："没事，竞争太激烈了没办法，团长的实力很强。我有点失望，但是还能作为团员参加练习并且在运动会上加油，一样很开心。"

有些事情，除了接受结果也没有别的办法，只能继续努力，等待下一个时机，而机会只会着顾有准备的人，这是珍珠在接受上一个愿望没实现的结果后总结的。

上一个愿望是当少女时装杂志的模特。五年级的冬天珍珠开始接触面向小学生和初中生的时装杂志，公立小学没有校服，但是要求上学不能穿过于"华美"的衣服，所以平时孩子们都穿得很朴素，但是挡不住高年级女孩渐渐产生对美的向往。时装杂志就像打开了一个新世界，珍珠买了不少新衣服，在周末也很享受穿戴打扮的乐趣，更向往有一天能和喜欢的模特成为朋友，自己也能出现在杂志上。

五年级春假里，附近的商场里有时装杂志的合作服装品牌搞活动，请来 3 位小模特举行见面会，其中就有珍珠喜欢的模特，那天我们两人一大早就去商场里排队，买了和模特当天穿的一样的衣服，又排了两个小时队，才拿到下午见面会的票，小朋友们轮流上台和模特们合影，珍珠也如愿以偿地站在上面，别提多开心了。

两个月一期的杂志是必买的，6 月那期的内容最值得期待，要招募新模特了！要是能选上，就可以周末去东京拍照片，可以和模特小姐姐一起工作，拍照空暇时间还可以去原宿逛街，那可是引领日本年轻人最新潮流的圣地呢，没准还可以自己再去迪士尼玩儿……珍珠的心里一定充满了期待和鼓舞，早早地就填好了申请表。

作为家长，如何应对孩子的愿望呢？自然是全力支持了。以前在电视上看过一个厨师比赛的节目，迎接挑战的是一个瘦弱的女孩，厨艺还没得到测试，先被怎么也拧不开的罐头难住了，女孩自己试了又试未果，着急地把罐头递给在观众台上助威的爸爸，爸爸用力一拧，终于把罐头打开了。支持孩子，就是要做这个关键时刻帮她拧瓶盖的人。

我和老中利用周末帮珍珠拍应募所需的照片，在家里挂上背景布，老中是摄影师，举着单反相机，我是灯光师，珍珠已经俨然是闪光灯下的小模特了，拍完照片，父女俩骑车去附近的便利店打印出几十张，挑了又挑，选了又选，贴了两张寄走了。

之后就是忐忑的一周等待，杂志上说会在初选结果后打电话到家里，我把家里电话设置了呼叫转移到手机上，上着班也一直在留意电话，珍珠放学后更是一直守在电话旁，等到下午 6 点也没人打电话进来，肯定是落选了。

虽然知道不会那么容易被选上，也没想到会有那么多孩子去报名应募，杂志上说去年报名的超过 8000 人，选了不到 5 个人。 那个周日过阳历七夕，日本的习俗是在竹子上挂许愿条，珍珠遗憾地说，如果当时初选过了，那天应该在东京二次面试呢，我知道她心里还在惦记。 晚上我们在院子里看天上的星星，也各自写了许愿条挂在葡萄架下，珍珠的愿望是"让我明年选上杂志模特吧！"

我们跟珍珠说，愿望还是要有的，即使不能马上实现，即使最终不能实现。 儿时的愿望很容易实现，因为有家长的助力，想要礼物，想出去旅行，有爸爸妈妈帮忙就很简单，随着年龄的增长就会知道，有梦想不难，难的是要克服很多影响结果的因素，继续挑战吧，愿望只能自己努力去尝试，此外就看运气了，珍珠点点头。

明年又会怎么样呢？ 珍珠要上初中，学业上会繁忙起来，学校的课外活动也更多了，不知道有没有时间。 当然还可以再去应募，到时候她应该更高了。 不管结果如何，不管要尝试多少次，她努力过能接受结果就好。 追求梦想的过程不会一帆风顺，也不会那么容易实现，但这个过程总不会是虚度的，我和老中商量要不明年买套好点的灯光照明？ 珍珠照常跳芭蕾、游泳，还照着杂志上的小贴士做修身练习，至少这个少女会越来越美吧？ 这就足够了。

"东方不亮西方亮"，有远处的愿望，也有近处的愿望，小学的珍珠没有选上团长，作为团员依然努力地训练，这些经验不会浪费，也许在上初中后能够再度挑战并实现愿望呢？ 我们都很期待。

17

世界上第二好听的声音

世界上最好听的声音是什么？雨打残荷，融雪响檐？孩子银铃般的笑声？爱人呢喃的低语？或者是手持宝剑跨着白马的王子来迎接你时的碎碎马蹄声？都不对，侯宝林老先生曾经说过，"滋啦～"，"诶，煎个鸡蛋"，"又滋啦一声"，"再煎个鸡蛋"，对于我们这些个中国胃来说，那个下油锅的"滋啦"声是世界上最好听的声音。

世界上第二好听的声音呢？

六年级的珍珠站在桌子旁，铺开一块面料，画线、裁剪、拼片，然后坐在缝纫机前，打底线、调针脚，准备自己做一个餐垫和抽绳包。电源一开，缝纫机开始工作了，"嗒嗒嗒，嗒嗒嗒"，缝纫机的机针和送布金属牙子在布料上碰撞着，这就是世界上第二好听的声音。

刚来日本那阵儿，出去逛街能看见不少"手艺店"，店面里摆满各种缝纫用品，布匹、毛线、花边、扣子，还有照着裁剪就能做出裙子的纸版，五颜六色、各式各样，绝不止针头线脑那么简单。即使什么也不买，在里面逛逛就觉得挺好玩儿。但我也有疑问，物质非常丰富的现代生活，真有多少还需要手工做这些东西呢？

珍珠出生后，老中送了我一台缝纫机，非常小巧，可以放在桌子上，穿针引线的步骤都印在机身，简洁易懂。坐月子期间，爸妈来日本照顾我，趁珍珠睡午觉，我和老妈就在客厅窗户前摆弄缝纫机。老妈年轻时一直用踏板缝纫机，用我这个自动的对她来说简直易如反掌，在她的指导下，我改短了几条裤子，有的还用彩线做了装饰，成就感自不用说，我们娘俩在秋日暖阳中、缝纫机"嗒嗒嗒"的声音里凑着头说话的场景一直留在我的脑海里，这也是女儿和妈妈的特殊沟通方式。

爸妈回去后，我开始自己带珍珠，繁忙的育儿生活中，缝纫机出场的次数非常有限。等到珍珠3岁半上幼儿园，需要准备很多用于收纳整理的小东西，鞋袋、水壶袋、水杯袋、就餐袋、睡衣袋，连小牙刷都要加个保护盖，有一些可以买到成品，而午餐垫等小东西因为幼儿园指定了尺寸，跑了好几家商店都买不到合适的。

我跟邻居妈妈请教，她说这类物品只能自己做，还把已经做好的成品拿给我参考，看到那些实物我大吃一惊：午餐垫是双层的，正面有孩子喜欢的小火车托马斯图案，反面配了淡淡的素色底布，各种尺寸的袋子也是托马斯图案的面料做的。不仅如此，幼儿园制服都买大号的准备穿三年，小班穿袖子就会太长，她从里面扦边缝好改短了；裤子背带容易从肩膀上滑下来，她把后背交叉的地方固定；小班孩子们还不认得自己的名字，体操服和衬衫上烫了个标志图案方便辨认。真是一门高深的学问，这也是幼儿园前辈妈妈的经验。

我一脸崇拜地问邻居妈妈都什么时间干活，她说夜里孩子们都睡下以后。听到这里，我的耳边仿佛响起了寂静夜里缝纫机"嗒嗒嗒"的声音。小时候，这个声音时常在我家响起，尤其是过年之前。妈妈常用的是一台黑色的锃明瓦亮的上海牌缝纫机，打开木板盖，把机头从里面掏出来，换好线纫上针，把台灯放在近处，有时候还得滴点机油才能开始。老妈经常把我们的新衣服让裁剪店裁好，拿回来自己做，裤装比较多。裤子的前兜还好弄，后面的暗兜上不好就有褶子，得特别小心，最后裤脚上"黄瓜架"扦边就好，做好了翻过来，烧了烙铁再熨，平展挺括，跟裁缝店里做的没啥区别。我特别喜欢坐在妈妈身边，看她推推眼镜低着头的认真劲儿，缝纫机随着踏板和皮带的转动一上一下发出好听的声音，那就是我记忆里世界上第二好听的声音。但是对于年幼的我来说，那个踩踏板的过程有些困难和害怕，所以在上大学离开家之前我一直没学会用缝纫机，我们姐妹三个谁也不会。

受邻居妈妈的激励，我把家里的缝纫机搬出来，找个周末，等姐弟俩睡下开始干活。有之前和老妈一起练手的经验，我发现针线活儿做起来也不难，拿午餐垫来说，在布料上画好线，剪下来两片叠在一起，砸好 3 个边再翻过来收口，就大功告成了，为了更漂亮，我在边角上还加了蕾丝装饰。

做好以后，我臭美地把作品拿给珍珠看，她无比欢喜地搂着我的脖子说："妈妈，你真厉害！"接着，我用剩下的布料做了一个抽绳袋，缝纫机针上下飞舞，发出"嗒嗒嗒"的声音，珍珠趴在旁边眼珠不错地盯着看，想起小时候缠着妈妈缝沙包，趴在老上海牌缝纫机旁边，我似乎也是这样的表情，将来珍珠的女儿也会这样看她吗？而老中送我这台缝纫机，是不是在他儿时的记忆里，也有俯身挑灯夜战的珍珠奶奶的身影呢？

珍珠奶奶年轻时候学过裁剪，还在附近的服装加工厂工作过很长时间，那时候，她专门负责打样，就是服装商在展会上用来拉订单的样品。因为专业而且熟练，她用缝纫机速度特别快，"呼"的一声就是一道线。奶奶家有好几台缝纫机，还有特别专业的三线锁边机，她给孩子们做简单的手提袋都带衬里，好看又结实，珍珠小学用了6年都没坏。我大学毕业后的头几年一直做服装出口工作，翻译过无数的工艺书，也常在工厂盯单，在纺织界属于"吃过猪肉也见过猪跑"的人，各种面料，什么"装饰明线3厘米18针，衣领裤脚如何手工扦边，袖笼的双针包边，裁剪打版"都能理解并说上几句，跟奶奶也有共同语言，奶奶说老中小时候穿的和服都是自己做的，不仅仅是那种系带的"和尚衫"，冬天穿的插袖式棉袍也做过。

　　日本小学的"家庭课"，教孩子们一些基本的裁剪知识，珍珠的本事就是在学校实际操作学来的。在奶奶的少女时代，缝纫和剪裁是女孩子们出嫁前必修的本事，这种"花嫁修业"和出家人的修行有一拼，周围很多妈妈都有缝纫机，针线活儿和厨艺一样，是妈妈的另一张名片。不知道心灵手巧的邻居妈妈的手艺是否也是跟妈妈学来的，而多做几次会发现，这个做针线活儿的过程和揉面做饭一样，因为与生活相关，有非常奇妙的治愈和解压效果。

　　不过，十人十色，"有人爱红装，有人爱刀枪"，我的日本同事阳子就是完全不爱手工的理科女，孩子上幼儿园的用品都是拜托孩子姥姥做的，幼儿园临时要求家长用旧毛巾缝一块抹布，她只能粗针大线地手缝交差。我家仨姐妹也差不多是这样，大姐和我妈住得近，修个裤脚都得拿回娘家，二姐是职业律师，生活里十指不沾阳春水，而我掌握不了缝纫机脚踏板的节奏，还总怕皮带轮脱落飞出来，都没学会用缝纫机。我妈总感叹："你们三个谁都不会踩缝纫机，要搁在以前都嫁不出去！"但是谁能想到随着科学技术的发展，我现在用的缝纫机不占地儿，不怕扎着手，自动切线，不仅不用踩，一摁电门，它还会绣花呢。

从老妈到我，从我再到珍珠，一代又一代相传的不只是针线活儿的手艺，更是"嗒嗒嗒"的声响中印在记忆深处的那个影像，也是生活的画面。

许多年后，成年的珍珠的家里，在温暖的灯光下，是否也会响起这世界上第二好听的声音呢？

18

让孩子想成为未来的大人

晚上姐弟俩前后脚去洗澡，我在书房里听见玄关有动静，以为是出去应酬的老中，就喊了声："爸爸你回来啦？"门口没有应答，过了几秒钟，裹着浴巾的泉泉出现在书房门口。"不是爸爸，是未来的爸爸哦！"他扬着眉毛笑着说。

心里居然有点感动，"未来的爸爸"，泉泉对于未来自己要当爸爸这件事是不抗拒的，甚至有些小得意和向往，他天天和爸爸嬉笑打闹，老中这个早出晚归、经常出差的爸爸，所有重要的活动都不缺席的爸爸，在他眼里是怎样的形象呢？应该是个合格的爸爸吧。而泉泉自己，将来又会成为一个什么样的爸爸呢？

走在孩子前面的家长，暂时是孩子未来的影像，再大一些，未来是什么样，生活又是什么样，都需要他们自己去开创、去体会。家长即使不能成为孩子们期待值的目标，知道长大并不能解决所有的烦恼，也要认真对待他们的自我审视和反思，陪着他们，一起实现每个阶段的未来。

每年 4 月开始的新学年，最值得孩子们期待未来。

进入新学年，每个班级都有一个小小的发表会，家长也可以去参加，看孩子们"总结过去，展望未来"，提出自己设定的努力目标，目标可以很小很具体，可以实现就是成长。

六年级的孩子通常会选一个汉字来代替自己的努力目标，作为小学阶段的巅峰，最后一年的学校生活将会非常忙碌，要照顾一年级小豆包，要参加学生会、广播站等很多活动并且"传帮带"，运动会和年末音乐会更需要他们作为学校排头兵的责任感。珍珠选的是"信"字，她说要做一个被老师同学和低学年孩子信赖的人，这个"信"字还有自信的意义在里面。班上其他孩子选的有"新"字，有"越"字，有"心"字，印象最深的是一个男孩子的"矫"字，取义要认识到自己过去的不足进行纠正，非常认真。

四年级的泉泉想要努力的小目标是把汉字写得干净漂亮，以及提高冬天跑步的名次，非常具体。泉泉是个左撇子，写字也用左手，而汉字都是从左往右写，笔画里的弯钩提拉也是右手写起来更方便，左手写到边角似乎劲道不够，导致没有棱角，稀里糊涂拐成弧形就下来了，他自己也觉得不漂亮。冬天学校都会练习跑步，虽然每次回来都喊累，泉泉却没有主动提过休息，"马拉松"比赛那天我去学校操场观战，远远地看他一直保持自己的速度，不紧不慢，倒符合他的性格，想提高名次是对自己速度和耐力的挑战。

孩子的目标有了，作为家长，就需要在每个学年根据孩子的实际情况调整家庭生活的重点，尤其是多子女的家庭。孩子的性格和发育情况各有不同，有些经验可以复制，有些则需要创新，适合孩子的才是有效的，而其中最重要的原则是"偏爱每个孩子"，让每个孩子都能感受到自己的独特性和重要性。

新学年，班主任和班级都换了。珍珠的老师是从别的学校轮岗过来的，据说很厉害，经历了四五年级的两个厉害班主任，对"严师出高徒"有自己的体验，加上五年级在各种集会典礼上致辞发言的历练，课外活动也如愿被分到了广播站，珍珠很期待充实忙碌的生活。孩子们提出的小目标似乎也被老师记在心里，泉泉四年级的班主任是个很年轻的女老师，练过十几年空手道，最爱吃饺子，泉泉每天努力认真地练习汉字，老师总是给予毫不吝啬的肯定和夸奖，还在本子封皮上贴了成行的贴纸，泉泉很喜欢这个老师。

那一阵，我打算把精力多放在四年级的泉泉身上，一个原因是姐姐珍珠，六年级的珍珠在学校这个环境里，既能主动照顾低年级的小朋友、享受学校的各种活动，也能和不同性格的小伙伴们和平相处，能保护自己又不轻易受别人影响，已经具备了很强的心理力量。生活层面上，珍珠有几个要好的朋友，春假里组织去朋友家过夜，给朋友妈妈也准备了小礼物，玩儿得很开心，社交方面没什么困难。此外，珍珠把学校的日程细心地抄到自己的手账上，每天睡觉前一定会把第二天的东西准备停当，要穿的衣服搭配好，良好的生活习惯和学习习惯都已经养成，不需要大人跟着担心了。

另一个原因是，我一直比较迷信的"四年级神话"，从自身经验来说，我的小学记忆在三年级前都特别混沌，只有跟着哥哥姐姐一起上学放学的片段，学习什么的根本没印象。四年级换了一个短发女老师，大高个，严厉但特别干练，奖罚分明，我的学习成绩就像被突然唤醒一样异军突起，然后持续了整个学生时代。珍珠的明显变化似乎也是从四年级的平家老师开始的，如今轮到期待泉泉了。

"四年级神话"这个说法从科学的角度也得到了验证。很多儿童教育者都认为，四年级前后是小学最重要的转折期，孩子们理解抽象事物的能力逐渐增强，有更多的自我意识同时也开始注意到和他人的差异。如果这个阶段不能充分建立孩子的自信，对之后的学习及生活都会产生不良影响，反之，如果能够通过夸奖等方式让孩子有足够的"自我肯定感"，并让他们更多地参与到自然和具体生活的体验中，孩子有可能实现飞跃式进步。

做家长也有疏忽的时候。那一阵珍珠超级迷恋密闭空间，把帐篷撑在卧室的地毯上，每天在帐篷里睡觉，早上我叫姐弟俩起床，喊了声珍珠，她钻在帐篷最里面没应答。再看泉泉在自己的小床上，紧紧围着的被子外面只露出一个黑乎乎的小脑袋，我趴在床边把泉泉连被子一起抱住："宝贝泉哥起床啦！"看他也没反应，就先下楼了。

过了一会儿，珍珠下楼来，对坐在餐桌旁的我说："妈妈，我听见你早上叫泉泉宝贝了，怎么不叫我呀？你抱泉泉了？嗯，我嫉妒了。"我抬头看珍珠，她眼睛有点红了，赶快站起来抱住她："对不起，妈妈不对，只是要钻进你的帐篷有点费劲啊宝贝。"她揉了揉眼睛，不好意思地笑了："那妈妈，你不进帐篷也行，但是也要叫我宝贝。""好的，妈妈知道了。"

也许我心里想着要多照顾泉泉，下意识地已经体现在行动上了，而孩子是敏感的，像珍珠一样，不管她本身已经有多独立，也一样需要被妈妈当作那个独一无二的宝贝。

那天早上差10分8点，姐弟俩出门上学了，我抓紧时间在厨房收拾餐具，听见急匆匆的脚步声从门口传来，抬头一看，背着书包的珍珠站在厨房门口。"忘拿什么了？"我问珍珠。她摇摇头，嘴角挂着笑意，张开双臂一头扑过来："忘了和妈妈拥抱了！"珍珠加上书包的重量，和我的体重差不多，沉甸甸的。我紧紧地回应小朋友，拍着她的后背，不过几秒钟，松开双臂，"上学去喽！"珍珠满足地再度离家。

我继续在厨房收拾，笑着想起：早晨珍珠在梳妆打扮时，背着书包的泉泉出门之前也同样悄悄跑到厨房，抱了我一下说："亲爱的妈妈，我上学去啦。"

如果每个孩子都能感受到特别的爱，他们自然会用各自的方式来回馈，手心手背，都是爱。

此外能做的，便是帮他们记录成长的过程了。生长在数字时代的孩子是不是会有更鲜明的幼年记忆？孩子记忆还不清晰的日子，我们的相机手机一直都在记录他们的图片影像，加上文字，等到孩子们一个个实现自己的小目标，长成未来的大人，再回头看看这些过往，会更有意义。

19

乡村劳作中的人生观

每年 11 月都是我家的"农忙季"，要回珍珠奶奶家的果园干活。

奶奶家在日本的四国地区，那里气候温暖，很适合柑橘类作物的生长，果园里栽种的香橘就是其中的一种，个头儿介于橘子和柚子之间，与其他柑橘不同的是，香橘的果肉过酸，不适合直接食用，但是果皮极香，也可以做橘子醋，是日餐中常用的调味品。这种叫 Ponzu 的橘子醋超市就有卖的，可以调制各种沙拉，也适合鱼类去腥，与秋冬的火锅更是绝配，是日本家庭厨房必备的佐餐调料。我在北京上班时，冬天办公室同事常约了一起去吃涮羊肉，有个日本同事不习惯吃麻酱香油，总是自带一瓶橘子醋当蘸料，尝过一次，非常爽口。

每年冬至日本还有用香橘泡澡的习惯，浴缸水面漂着一个个黄澄澄的香橘，非常好看，捏一捏果皮，能闻到清冽的香味，大概是香橘皮里的精油成分作用，洗完澡感觉特别暖，皮肤也格外润滑。奶奶家每年收获，都把大一些的香橘单挑出来，卖给化妆品公司的人做护肤品原料，价格很好。自己家也能做饮料，奶奶还把金黄的橘皮片下来切丝，腌萝卜时放一些入味，又漂亮又好吃。

这个果园是珍珠爷爷退休后的营生，他一直很喜欢并擅长莳弄果树，平常果园里除草施肥劳动量不大，只是收获时节忙碌一些，每年香橘都能收获十几吨，当地的农协负责收购，也不用担心销路，很适合退休后闲不住的老两口。唯一辛苦的是香橘树枝上有很多尖尖的长刺，防不胜防，一不小心就会被扎到，收获时得用高枝剪刀连枝剪下来，再用果剪一个个收。

爷爷去世后果园基本上是奶奶和帮工一起照料，收获时人手就有点紧张，两个上年纪的老人每天只能收一两百公斤，周末老中兄弟俩分别从大阪和福冈坐飞机回家干活，他俩战斗力强，帮忙的那几天每天都能收一吨左右，收获快结束的 11 月底基本上都会有个小长假，孩子们也回家干活。每年收获的时候奶奶都叫苦说明年不弄了，不过等来年又挂满果子的时候又会再坚持。老中打算退休后把果园继承下来，有劳作的辛苦才更能体会收获的喜悦，孩子们很喜欢。

幼儿园时期的姐弟俩，特别喜欢跟着去果园，果园在山里，旁边就是潺潺流水的小溪，我们在树下铺开大块的防潮布，男人们爬上梯子把香橘连枝剪下来，我和奶奶坐在防潮布上再一个个修剪。珍珠坐在奶奶旁边，学着奶奶的样子用果剪小心地剪下香橘，再一个个放到筐里，泉泉在果园里四处"寻宝"，发现一截漂亮的树枝，找到又圆又大的橡子，看到野猪留下的脚印，都是大自然的馈赠。忙碌的那几天，我们一整天都待在果园里，午饭就坐在地头吃个买来的便当，孩子们回去的话，奶奶可以有充分的理由偷会儿懒，带姐弟俩在附近散步，去果园附近的街坊家串个门。

一年年长大，上小学后，两个小朋友就开始踏实出力了，他们眼神好，还能发现藏在树枝间不容易被发现的果实，渐渐地，可以推动奶奶家的小推车，从地头运到卡车上，到珍珠五年级时，已经可以熟练使用工具了，他们站在梯子上举着长长的高枝剪、推着小车来回搬运装满橘子的筐子。去收购站时，姐弟俩站在小卡车上合力抬起20公斤的筐子，把黄澄澄的香橘倒入收购站的大筐子，成就感满满。通常孩子们回家帮忙时，收获接近尾声，奶奶也能从该年度最大的工作中得到解放了。

"风吹枯叶落，落叶生肥土，肥土丰香果，孜孜不倦，不紧不慢。"这句话是备受好评的日本纪录片《人生果实》的开篇语，纪录片展示了两位九旬老人在乡村耕耘劳作生活的点点滴滴，他们与自然和四季相互依存的生活理念，常让我想到同样在日本乡村的奶奶。

劳作之中的生活，更能理解和保留大自然的风情，奶奶曾经种过大片的菖蒲，和街坊们在盛开的花田里摆着桌子，赏花吃饭喝酒。附近有种芍药，可以用来插花，芍药根还可以用来做中药，有年我们回家，孩子们在芍药地里玩儿，邻居把剩下的一大筐笋花都给了奶奶，粉花绿叶的芍药漂在院子里大大的水池上，比莫奈那幅《睡莲》都美。

干完活最放松的事莫过于泡温泉，去温泉的路上，西边红霞满天，老中把车停在路边，一家人急急地冲到海边，缩着脖子看落日，不到5点钟，太阳落入水面，远处有淡淡的岛屿痕迹，天空的云彩看起来像海市蜃楼，最吸引珍珠和泉泉的是横在海天之中的笔直无尽的水平线，真远啊，这样的场景在城市里很难看到。

看完落日，在温泉停好车，奶奶指着东面的山顶给孩子们看："快看快看，多美的满月呀！"我们清晨驱车200公里回奶奶家时，在高速路上看到的那轮落月，此时又温柔地挂在山顶上，落日和满月的完美交替，只有在这样的大自然里才能凝神停留。

进了温泉，不经意抬头，月亮居然就在窗外，珍珠进来又马上跑出去，再进来时戴了眼镜。"妈妈，月亮真美啊，我把眼镜拿进来了，戴上看得更清楚。"我们两个并肩泡在温泉里，月亮慢慢升高了一点。

日本平安时代的贵族藤原道长曾写过一首有名的短歌，"此世即吾世，如月满无缺。"彼此的他正处于个人权势的顶峰，也许心中觉得整个世界都是自己的，圆满如满月，并且永不会缺。巧的是，关于那天的月亮，新闻特意做了报道。我们那天看到的是 2018 年阴历十月十六的满月，有人考证藤原道长写下这首短歌的时间正是 1000 年前的同一天，1018 年阴历十月十六，千年后同样的满月照样升起。

我没有权势，也不是藤原道长，但是在同一天里，既看到了清晨的月落，又看到了黄昏的月出，自己的小世界很完满。劳作让人身心愉悦，无关身份和职业。我的家人们，从大人到孩子，可以西装革履地应邀去日本最好的大学讲课，也可以戴着草帽踩着胶鞋在田间忙碌，可以浑身泥土在地里拔萝卜挖红薯，也可以随意坐在地头的塑料布上吃个饭团喝瓶养乐多，可以开车去海边等着拍到最美的夕阳，也可以在温泉里戴上眼镜欣赏窗外的满月，对自然有感知的人，会从容面对生命的每一刻。

日本国民作家宫泽贤治有一首著名的诗《不畏风雨》广为流传，"不畏风，不畏雨，也不畏风雪""一日三餐糙米饭，配味噌汤及少许蔬菜"。简单而自然的生活，只有这些好像也足够了。老中的手掌很宽，他常说自己天生适合劳作，对任何工具都不抗拒，就算将来有粮食危机，只要有土地就不至于没饭吃，我可能是被这样的他吸引的。

与自然的和谐共处，能让人的内心更充盈，知道了"人有悲欢离合，月有阴晴圆缺"。月满时且望之，月缺时则迎之，劳作更能让孩子们接受自然和人生的变化。

20

生命场

每年我都会带两个孩子回国，回到我长大的地方。

老家在晋南，黄河往东拐的大三角，盛产小麦的河东平原，儿时最喜欢在麦收季节的场院里玩儿，看打麦扬场，颗粒归仓。阳光下，麦子被大木铲铲起，金色的瀑布般落入撑开的麻袋里，金黄色的麦秸秆被大叉子叉起，一团团云彩一样飘落下来，摞成高高的、好看的麦秸垛。等一切都弄完，我们就把场院打扫干净，露出湿润的深褐色地面，小孩子们光着脚跑，翻跟头，玩儿累了就随意躺下，清凉的地面有一种特别好闻的味道，土香混合着麦香，让人莫名地安心。初读萧红的《生死场》，头一章是"麦场"，我脑海中马上浮现出姥姥家的那个场院，仿佛又闻到了场院里泥土的味道，那里也有过不同时代的生死，对我来说，却是个生命场。

回国前，脑子里先启动"预热"模式，小城和家的影像在记忆里一点点清晰，我时不时打开地图软件，从大阪往西拖动鼠标，感觉自己就像孙大圣，在"噔噔噔噔"的音乐声中，飞过东海，飞过蓬莱，飞过中条山，在家乡的上空按住云端，擦亮火眼金睛，锁住那几个小地标：广场，闹市中的小庙，一座又一座高楼中纵横交错的老巷子，城东的体育中心，我们从小叫它"东湖"，东湖往南下了坡，小卖部路口往西拐，第三个胡同最里面，那座青色房顶的房子，就是我长大的地方。

日常通信的发达使家人间的联络变得紧密，珍珠和泉泉虽然每年只回去一两次，和大家却一点都不陌生，他们盼着回姥姥家的样子，和我儿时一样。每次飞机一落地，我还在等托运行李，姐弟俩已经拉着自己的小行李飞奔了出去，大喊着"我们回来啦"，挨个扑进姥姥姥爷的怀里。

下飞机的时间不管是不是饭点，老妈总是先递给我一个塑料袋，热乎乎的："给，你要的许家园包子。"那是我家附近的包子铺，店面小小的，人总是很多，我从小就喜欢吃那里的牛肉洋葱包子，几十年味道都不变。家人来接我，总是等着买到刚出锅的热包子才往机场飞奔，路上老妈怕包子凉，还在塑料袋上盖了块毛巾。回家路上，我一边大快朵颐一边向老妈汇报都带回来什么礼物，有一年带了好几个名牌包包，大姐边开车边乐："你这是用包子换包子啊。"

都是包，能吃的更值，因为伴随每个在外游子回家的都是那个无比寂寞的"中国胃"，想念家里的饭，是所有浪迹天涯游子的共同"病症"。

夏天在家，最喜欢吃家常饭。豆角焖面、炸酱面、西红柿面、烙饼、羊肉包子、饺子、虹鳟鱼、炒凉粉、炒丝瓜，冰柜里冻了好久的羊肉也终于派上了用场。我告诉老妈不用太忙活，她强调道："这是专门给你们留的！"每个字都斩钉截铁。还有什么比被家人重视的感觉更好呢？况且我不是过客，是归人，是趿拉着拖鞋在胡同里买西瓜的妇人，是厨房里飞快擀饺子皮的小工，是抱着蒜钵低头认真捣蒜的小妹，是费劲地剥下新核桃嫩皮的馋虫，老妈欣慰地看着忙碌的我，似乎看到了过去总帮她干活的那个丫头。老爸也没什么变化，晚饭时我给他倒酒，顺便给自己也来一杯，父女俩把酒话桑麻。

吃！吃！吃！几乎都是面食，中间有几天我觉得体重不妙，跟老中发微信："糟了！我长胖了！"老中迅速回复："能在父母身边吃胖，也是一种孝顺。"除了拔高吃的境界，我还读出了另一重信息，那就是"吃吧吃吧，再胖也不嫌你"，收到了这份爱意，我更加肆无忌惮。

夏天我们吃炸油饼，和面时加入切碎的新鲜花椒叶，炸出来的油饼松软鲜香。买来酱牛肉，拌了豆角粉条的凉菜，把切片的酱牛肉和凉菜塞进油饼的空肚，再洒点蒜泥汁，咬一口就能回到儿时，从前的麦收时节，我们常吃这样的大餐，加花椒叶的做法是姥姥传给老妈的，当然，我也会。

我的种种饕餮之乐，珍珠和泉泉不一定有共鸣，因为他们没有我的那些记忆。下一代的小朋友们有自己的交流方式，在快餐店的汉堡鸡翅薯条里，在外卖送来的珍珠奶茶里，在联机打 Switch 游戏里，他们也在创造属于自己的回忆。珍珠跟着表姐去做指甲，看电影，在宠物店招猫逗狗，泉泉和表弟们穿着一样的 T 恤，凑在一起玩儿陀螺，玩儿水，抢玩具，抢电视，孩子们一起吹着泡泡走在回家的胡同里，和我们小时候一样。泉泉坐在姥爷神气的电动车后面去路口的超市买盐，顺便买来一种叫"好多鱼"的零食。"在中国，我吃了好多好多的好多鱼。"这个句子是不是可以作为汉语考试的一个试题呢？

有时候也坐高铁出门，车厢里打扫卫生的、来回提示到站的、背着小包卖冰激凌的，姐弟俩会发现高铁和日本的新干线的相同与不同，而窗外是不变的华北平原、河流和成片的玉米地，是多年前我在火车上惯看的风景。

带姐弟俩去寺庙，去博物馆，珍珠虽然会害怕千手千眼观音手掌心的眼睛，却很喜欢那些微笑的佛像，听说佛祖可以实现人的愿望后，珍珠虔诚地双手合十，在佛像前嘀嘀咕咕，我问她许了什么愿，她不好意思地说："如果佛能帮我把暑假作业写完就好了。"我笑着替佛祖回答她："孩子，暑假作业只能自己写呀。"

而冬天回家则是另一番景象，老妈说孩子们看上去都比夏天白，夏天他们天天游泳，晒得黝黑无比，相比之下确实白了不少。冬天更容易理解大陆性气候与海洋性气候的差异，姐弟俩着实领教了北方冬天总是灰蒙蒙的天空和零下十几摄氏度的威力，珍珠说，出门不能说话了，张嘴冻得牙疼。特意带他们去我小时候就有的小饭馆喝一碗羊汤，看老板娘如何往成排的大碗里抓羊肉片、挑一小勺盐，再用大马勺舀汤，羊汤的大团热气飘起来，挡住了泉泉的小脸，跟我小时候一样。

孩子们凑在一起有他们的乐趣，我们这些大人也有自己的。一回家，中年人都变成了孩子，平时总是一脸严肃眉头微蹙的大律师二姐在微信里说："亲们，我带了一个大箱子回家，准备装好吃的……"早上我爸起得最早，起来后就各个房间溜达，把窗户开一条小小的缝儿换气，看完新闻出门买早点。从小到大，我们的房间都不设防，假期在家的早上，我爸总是进屋拉窗帘开窗换气，放任我们呼呼大睡，等我们起来，早餐已经买回来了。

而最喜欢的事，还是得空就去爸妈的房间，我和姐姐们常挤在大床上，翻看杂志，看老爸床头的书，看着照片聊着闲天，老爸端着茶水坐在一旁，老妈靠在床头和我们一起看，有时候孩子们也好奇地跑过来，待一会儿又跑了。朝南的房间光照充足、干净整洁，窗台上有盛开的仙客来，有绿油油的绿萝和陪伴多年的君子兰，桌上有老爸爱吃的水果零食，床上有两处淡淡凹下去的痕迹，一切都是暖的，这里是世界上最温暖的角落。

长这么大，还是觉得最幸运的就是有一对性格平和又温柔的父母。

上小学的时候，家里是一排平房，我最小，一直跟着爸妈睡，姐姐哥哥在西屋，中间隔着客厅，冬天只有睡觉的屋子生炉火，客厅冷冰冰的没人待，大家总是待在爸妈的房间。忘了是几年级家里买了电视，就放在房间一角的柜子上，铁架床离电视很近，而我又总是靠边睡，就坐在床边把腿搭在床栏上一晃一晃看电视，有时候等不及看喜欢的节目，老爸就让我钻进被窝里等，说一会儿开始了再叫我，而结果总是一样，我扭头就睡着了，怎么都叫不醒，错过了电视，第二天就噘着嘴埋怨他，老爸也不生气。

家里孩子多，小时候生活也不算宽裕，如果说有偏爱的话，就是我这个老么了，我总是黏着老爸，成天坐在他的自行车大梁上跟着出去，晚上睡觉前老爸还会在我额头上亲一下，他不吝惜表达自己的感情，对哥哥姐姐也一样。

上大学后家里房子翻修，爸妈的房间在东边的角落里，采光不大好，还有点小，放了床和衣柜就有点挤，我们只要回家照样挤在那里，有时候早晨起来，还像法国的童书《不一样的卡梅拉》中长不大的小鸡卡梅利多和卡门那样，要到爸爸妈妈的鸡窝里赖一会儿，那也是做女儿的特权。爸妈的床两边都靠着墙，正好可以倚着靠着，摁亮墙上的灯，房间笼罩着淡黄色的光，第三代次第出生，都曾躺在那片光芒中，在周围的"看了又看"中慢慢长大。

新搬进去的这个家更大更暖和，也更让人安心，而我冬天回去最开心的事，是帮爱美的老妈染头发，她眯着眼睛坐在窗边的椅子上，我用梳子尖拨开一缕一缕的头发，细心地抹上染发液，再刷均匀，等她洗完头再帮她吹干，感觉真好。还有就是帮老妈整理抽屉，扔掉过期的药，在给她买的写着英文或日文的瓶瓶罐罐上贴上标签纸，把名字用法写在上面，年纪大了，如何呵护他们的身体最重要，有父母在的那个房间，才是世界上最温暖的角落。

每年回老家，街道在变，生活方式在变，那些麦场早已不见了踪迹，可还是有些不变的东西，比如许家园的包子，火车窗外的风景，寺庙里的佛像，甚至干花椒叶的芳香。不过短短的两三周，和家人的团聚、聊过的天儿、看过的风景、吃过的食物，甚至和父母一起沐浴的冬日暖阳，都化作回忆汇入那个生命场，我还是儿时那个放松地躺在场院上的孩子，扭过头，深呼吸，把那片土地的味道放入心底，变换成无穷的力量。

心中装着一片坚实的大地，才能打造自己美丽的花园，我的生命场，年年再见。